D1619109

Erfolg
und
Harmonie
im
Leben

Dr. Elfrida Müller-Kainz

Herausgeber:
INSTITUT FÜR PERSÖNLICHKEITSBILDUNG
Dr. Elfrida Müller-Kainz
Wernbergstraße 8

8130 Starnberg, Telefon (08151) 28687 / 28688

Druck: Fiedler-Druck, 8630 Coburg

4. Auflage September 1992
ISBN 3-923434-10-3

Inhaltsverzeichnis

Für die intensive Mitarbeit beim Entstehen dieses Buches
danke ich herzlich

meinem Mann Helmut Müller,
meiner Tochter Beatrice,
Frau Anneliese Morkel und
Herrn Frank Weber

Vorwort

In den alten Zivilisationen der Babylonier, Ägypter, Perser und Griechen glaubten die Menschen, sie könnten die Götter durch Opfer beeinflussen und sich geneigter machen, d. h., die göttlichen Mächte waren für sie in gewissem Sinne käuflich.

Erst in den höherentwickelten Religionen — nachzulesen z. B. in der Bibel und in den Veden — findet man den Niederschlag des verantwortlich entwickelten Denkens: Die Menschen erhalten präzise Verordnungen für ihr Verhalten. Sie selbst müssen nun für ihre guten und schlechten Taten bürgen; denn der überaus wichtige Grundsatz: „Was der Mensch sät, das wird er ernten", steht schon in der Bibel (Galater 6,7). Ein Grundsatz, welcher immer — auch noch im 20. Jahrhundert — das wichtigste aller Universalgesetze darstellt.

Die großen Religionsgründer Moses, Zarathustra, Buddha, Konfuzius und insbesondere Jesus Christus geben viele Richtlinien, die heute noch das Denken und Verhalten des modernen Menschen bestimmen und seine Gedanken mit den göttlichen Gesetzen in Einklang bringen, wenn Gottes Wille erkannt und befolgt wird. Jene Menschen, die sich weder um Gesetze und Ordnung gekümmert haben, noch dies tun wollen, stellen seit jeher eine Störung für die Umwelt und das Universum dar.

Aber auch berühmte und begnadete Philosophen wie Sokrates, Plato, Aristoteles, Thomas von Aquin, Descartes und Leibniz vervollständigen durch besondere Einsichten das Mosaik der universellen Gesetze; denn bei ihnen gab es noch keine Trennung zwischen Theologie und Philosophie.

Erst im Zeitalter der „Aufklärung", also Ende des 18. Jahrhunderts, trennte einer der größten deutschen Philosophen, Immanuel Kant, die Philosophie und die Theologie in zwei Wissenschaftszweige. Seine Überzeugung schrieb er in der „Grundlegung der Metaphysik der Sitten" 1785 und in der „Kritik der praktischen Vernunft" 1788 nieder. Kant entwickelte hier eine rigorose, autonome (selbstregulierbare) Pflicht-Ethik, in der „der Wille unmittelbar durch das moralische Gesetz bestimmbar ist". Der Philosoph spricht von moralischen Normen (Gesetzen), die „die Pflicht als göttliches Gebot anerkennen und die die Unsterblichkeit der Seele sowie eine sittliche Weltordnung" erstreben. In dieser Vereinigung von Glückseligkeit und Tugend sieht er das „höchste Gut" und das eigentliche Ziel im menschlichen Leben. Er erklärt, daß der Mensch ein „freies, selbständiges Wesen" ist, das in seinem Denken und Handeln ebenso wie auch alles Materielle auf der Welt dem Gesetz von Ursache und Wirkung unterliegt. Hier spricht Kant wesentliche göttliche Gesetzmäßigkeiten des Universums an.

Auch die nachfolgenden Philosophen Schelling, Fichte und Hegel stimmten als Vertreter des sogenannten Idealismus im Grundsätzlichen noch der seelisch-geistigen Richtung der Kantschen Denkweise zu.

Erst die in der ersten Hälfte des 19. Jahrhunderts durch Marx und Engels vertretene neuartige Philosophie des „dialektischen Materialismus", glaubte ohne Beachtung der geistig-seelischen Komponente des menschlichen Daseins auskommen zu können.

Die in der zweiten Hälfte des 19. Jahrhunderts und bis in unsere Tage immer mehr um sich greifende Industrialisierung bedeutete für viele Menschen die Rechtfertigung solch materieller Weltanschauung, so daß als Folge dieser rasant fortschreitenden Entwicklung nun alles Technische überbewertet wurde.

Der Gebrauch von Technik und Maschinen und die schnellere Abwicklung der Arbeitsprozesse bringen mehr freie Zeit und viele Annehmlichkeiten, es entstehen aber auch neue Probleme.

Viele Menschen streben in erster Linie nach materiellen Dingen und möglichst vielfältigen Genüssen. Eine solche Lebenseinstellung kann jedoch einen sittlich hochentwickelten Menschen nicht erfüllen und schon gar nicht glücklich machen. Auch auf den für die menschliche Existenz sehr wichtigen Bereich „Krankheiten und Leiden" hatte die zunehmend materiell geprägte Betrachtungsweise großen Einfluß. Ihre Behandlung wurde und wird noch immer häufig symptomatisch durchgeführt, d. h. lediglich auf die äußeren körperlichen Erscheinungsformen bezogen. Dabei wird die Frage nach der eigentlichen Ursache der Störung des menschlichen Wohlbefindens nur selten gestellt. Es ist jedoch unbedingt notwendig, diese eigentliche Ursache herauszufinden, wenn die Störung oder Krankheit dauerhaft zum Verschwinden gebracht werden soll. Hierfür besteht nämlich nur dann Aussicht auf Erfolg, wenn der Mensch lernt, die für den geistig-seelischen Bereich seines Daseins gültigen Universalgesetze kennenzulernen, diese zu studieren, sein Leben danach auszurichten und dadurch die innere Harmonie als Voraussetzung für körperliches und seelisches Wohlbefinden zu gewinnen. Dem Leser dabei zu helfen, soll Aufgabe dieses Buches sein.

Der Sinn des Lebens

Seit Jahrtausenden streben die Menschen danach, ihrem Leben einen tieferen Sinn zu geben. Sie ahnen seit langem, daß sie die wahren Werte auf Erkenntnisse gründen müssen, die in ganz bestimmten Gesetzen und Ordnungen im Universum verankert sind.

Eine der wichtigsten Gesetzmäßigkeiten des Universums ist eine ständige Fortentwicklung. Darunter versteht man in diesem Falle eine fortschreitende unaufhörliche Verbesserung des Bestehenden. Jeder Stillstand würde ein Rückschritt sein, da der Kosmos (oder das Universum) einem unausgesetzten Prozeß der Vervollkommnung, einer immerwährenden Verfeinerung unterliegt.

Wegen nicht vorhandener Einsicht in die kosmischen Zusammenhänge erkennen die Menschen nur selten die enge Verflechtung von eigenen Erlebnissen mit dem Geschehen und der Planung des Universums. Sie sehen darin etwas Zufälliges und sprechen von ,,Glück'', wenn es sich um eine für sie positive Begebenheit handelt, oder von ,,Pech'' bei einem Vorfall mit für sie negativem Resultat. Für die Menschen des 20. Jahrhunderts bedeuten beispielsweise Blitz und Donner keineswegs die willkürliche Maßnahme eines Gottes, sondern es wird dabei das Walten eines physikalischen Gesetzes erkannt. Auch im geistig-seelischen Bereich existieren derartige Gesetzmäßigkeiten, nur ist es viel schwieriger, sie zu verstehen. Wir bezeichnen sie als ,,Naturgesetze'' oder ,,kosmische Gesetze''. Mit ihrer Hilfe kann man auch scheinbaren Zufällen, dem ,,Pech'' oder dem ,,Leid'' einen berechenbaren Sinn geben.

Der Mensch unterscheidet sich von allen anderen Lebewesen dieser Erde hauptsächlich durch sein Denkvermögen. Mit Hilfe dieser zweifelsohne rein geistigen Energie ist es ihm möglich, nicht nur die physikalischen, sondern auch die geistigen Gesetze des Universums kennenzulernen, sie zu studieren und schließlich danach zu handeln.

Aber gerade, um die anscheinend negative Seite dieser Gesetzmäßigkeiten in Form von Leid und Krankheit ertragen oder — noch besser, — verändern zu können, sollte man sich Gedanken über deren Sinn machen. Denn nur, wenn man die Hintergründe der erfreulichen oder leidvollen Ereignisse aufspürt, ist man in der Lage, seine Lebensweise zu durchschauen. Erst dann kann man sein Verhalten verändern und so ausrichten, daß man in Harmonie mit dem Universum und dessen Gesetzen lebt. In ,,Harmonie sein'' heißt gesund, glücklich und längere Zeit hindurch ohne widrige Umstände und mit sich selbst im reinen zu leben. Diese Harmonie und innere Ausgeglichenheit erscheint für viele Menschen als Ziel fast unerreichbar. Aber das Leben bietet sich vor allem als Schule an, d. h. man sollte wie ein Schüler aus positiven und negativen Begebenheiten lernen, Erfahrungen zu gewinnen und sein Verhalten aufgrund der neuen Erkenntnisse entsprechend zu verändern.

Lebensschule in Freud und Leid bedeutet aber auch, nach einer Hilfe zu suchen, die den Weg zu einer stetigen Weiterentwicklung weist. Verfolgt man dieses Ziel unbeirrt und ist auch bereit, es unter Schwierigkeiten anzustreben, so liegt der Lohn für dieses Bemühen in einem bedeutend interessanteren und befriedigenderen Leben. Zugleich wird man ein wichtiges Gesetz erfahren, nämlich, daß das universelle Endziel immer nur etwas Positives sein kann. So ist es eine wichtige Aufgabe dieses Buches, das Positive im Leben aufzuzeigen und deutlich zu machen, daß sich auch aus jedem anscheinend negativen Ereignis letzten Endes immer wieder das Positive herauskristallisiert. Damit wird auch verständlich, daß der Sinn des Lebens schließlich in einer Verbesserung und Verfeinerung liegt, in der das Ziel des Universums erkennbar ist: die Entwicklung zum Positiven und zum Guten!

Die zwei Mächte des Universums

Im Universum existieren zwei Mächte, von denen die eine als subjektiv denkend und handelnd, die andere jedoch als objektiv oder automatisch funktionierend bezeichnet werden kann.

Die subjektive Macht ist der Schöpfer (oder Gott), der in der Lage ist, ganz individuell auf das Dasein der Seelen auf der Erde einzuwirken.

Die objektive Macht sind die Universal- oder Naturgesetze, die automatisch wirken.

Das wichtigste Naturgesetz ist das Gesetz von Ursache und Wirkung.

Dieses Gesetz hat nicht nur in den Naturwissenschaften, sondern auch im geistig-seelischen Bereich umfassende Gültigkeit. Jedes Ereignis auf dieser Welt und im Universum ist ursächlich begründet und wird von den Gesetzen registriert, kontrolliert und reguliert. Das heißt, jede Handlung hat eine Auswirkung: Wer negative Gedanken zur Grundlage seiner Entscheidungen macht, muß mit negativen Folgen rechnen; wer dagegen sein Handeln an positiven Denkanstößen orientiert, darf auch positive Folgewirkungen erwarten.

Das Schema auf der folgenden Seite zeigt ein allgemeines Beispiel, wie das Gesetz ganz automatisch auf die Fehlleistung reagiert. So ist beispielsweise bekannt, daß junge Buben oft wegen ihrer Waghalsigkeit beim Überspringen von Gräben oder hohen Mauern durch Verletzungen oder

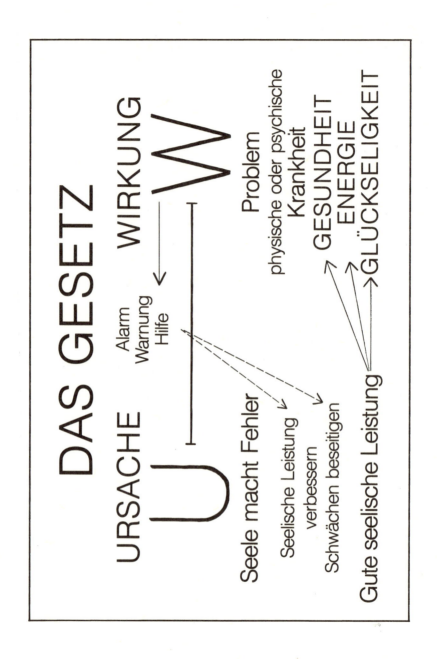

gar einen Beinbruch eine Warnung bekommen. Diese ist als Hilfe gedacht und soll ab sofort zu größerer Vorsicht veranlassen.

So läßt sich ganz allgemein jede Krankheit (gleichgültig, ob körperlicher oder seelischer Natur) als Wirkung, d.h. als Warnung oder Hilfe betrachten, um Fehler im Verhalten einer Persönlichkeit anzuzeigen. Krankheiten, Probleme, auch Unfälle, sind immer ein Hinweis, um jemanden nicht ohne Warnung in noch größere Fehler hineingehen zu lassen. Daher haben Krankheiten oder Probleme immer einen Sinn und sind gedacht als Hilfe zur seelischen Höherentwicklung. Man sollte also versuchen, die Ursache = Fehler herauszufinden. Nur die Bearbeitung der Ursache kann auf Dauer ein Problem lösen und die Seele weiterentwickeln.

Gott als subjektive, persönliche Macht äußert sich vor allem durch jene Hilfen für die Seelen, die mit den Wünschen, Denkanstößen und den Gefühlen des Menschen zu tun haben. Es ist dabei wichtig zu betonen, daß jegliche Hilfe, ob objektiv oder subjektiv, durch Gott gegeben und der individuellen Intelligenz sowie der seelischen Entwicklungsstufe jedes Einzelnen präzise angepaßt ist. Dies ist auch ein Ausdruck der Gerechtigkeit Gottes.

Nur in seltenen Fällen wird Gott das Gesetz nach seinem Gutdünken verändern, d.h. eine Begebenheit endet anders, als sie dem Gesetz nach hätte verlaufen müssen. Die Menschen sprechen z.B. von einem „Wunder", wenn die Zeitung von einem Unfall berichtet, bei dem der Sturz von einem Motorrad bei 180 km Stundengeschwindigkeit anstatt eines Genickbruchs nur ein paar Kratzer zurückgelassen hat. Solch ein Wunder oder „Glück" wäre ohne Gottes Eingriff bei ausschließlichem, präzisem Funktionieren der Gesetze unmöglich.

So sollte der glimpflich verlaufene Unfall eine Warnung vor Schlimmerem oder ein Denkanstoß dazu sein, das bisherige Leben oder Verhalten zu überdenken. Eine Geschwindigkeit von 180 Stundenkilometern verstößt bei jedem Straßenfahrzeug gegen die Naturgesetze; besonders aber gefährdet ein zweirädriges Motorrad nicht nur den Fahrer selbst, sondern bringt auch ständige Gefahren und Probleme für die Umwelt. Neben dieser ausnahmsweisen, uns als Wunder erscheinenden Einwirkung Gottes auf die Naturgesetze gibt es noch zahlreiche Eingriffe in das menschliche Leben, die Gott für die Seelen bereithält. Über diese Warnungen und Hilfen wird in einem späteren Kapitel noch ausführlicher berichtet.

Die mannigfaltigen täglichen Hilfen Gottes, die die menschlichen Seelen bei ihrer Höherentwicklung unterstützen sollen, müssen als die eigentliche göttliche Gnade verstanden werden. Allerdings hat es jede Persönlichkeit selbst in der Hand, wie sie auf solche Fingerzeige reagiert: positiv oder negativ. Schimpft man z. B. über das ,,Pech'' bei einer Reifenpanne am Auto, ohne weiter über die möglichen Hintergründe nachzudenken, so versäumt man vielleicht zu erkennen, daß diese Situation durch allzu schnelles Fahren oder rücksichtsloses Überholen hervorgerufen worden sein könnte. Durch aufmerksames Beachten der Hinweise Gottes wird man nicht nur wacher im Beobachten seiner Umgebung und seiner Fehler, sondern es gelingt auch oft, indem man die Konsequenzen aus den Begebenheiten zieht, weiteres Mißgeschick zu vermeiden.

Die Persönlichkeit des Menschen

Der Mensch besteht aus dem Körper und der Persönlichkeit (Seele). Die Seele ist die treibende Kraft; man könnte sie mit dem Motor eines Autos vergleichen. Da sie als geistige Substanz nicht an den Körper gebunden ist, kann sie ihn überleben und stellt daher das eigentliche Vermögen des Menschen dar. Seele und Persönlichkeit sind also identisch. Ihre Bestandteile sind Intelligenz, Talente und Charaktereigenschaften. Diese drei wichtigen Bestandteile der Seele sind in ihren Werten nicht konstant, sondern entwicklungsfähig und sollten deshalb während eines menschlichen Lebens zielbewußt gefördert werden.

Der Körper ist die materielle, vorübergehende Hülle des Menschen für die Dauer eines Lebens. Er ist ausgestattet mit gewissen erblichen Merkmalen wie Haut-, Haar- und Augenfarbe, Art des Knochenbaus etc. Es gibt auch einige negative Erbanlagen, die sogenannten körperlichen Schwächen, die aber die Seele als ,,Antrieb'' des Körpers möglichst verbessern oder sogar völlig überwinden sollte. Beispielsweise könnte ein negativ belasteter Körper die Anlage geerbt haben, zuviel Magensäure zu produzieren. Solange sich die Seele des Menschen weiterentwickelt, wird sich dieses Erbgut jedoch nicht auswirken. Erst wenn Ängste infolge von Mutlosigkeit, Streß oder Sorgen und Kummer auftreten und die Persönlichkeit belasten, erscheint diese negative Erbanlage in Form von Gastritis, die sich verschlimmern und zu Magen- oder Zwölffingerdarmgeschwüren entwickeln kann. Dieses Symptom sollte man als rotes Warnlicht bezeichnen, das aufleuchtet, wenn es Probleme des Verhaltens, Denkens oder Fühlens der Seele gibt. Die körperliche Indisposition oder Schwäche bedeutet somit ein deutliches Warnsignal für die Seele, falls sie diese Schwächen nicht richtig oder nicht genügend bearbeitet. Da man den Körper als eine Leihgabe Gottes für dieses Leben betrachten kann, ist man verpflichtet, die leiblichen Bedürfnisse sorgfältig zu beachten und für Gesundheit und lange Jugend zu sorgen. Außerdem steigern genügend Schlaf und eine vollwertige Ernährung ohne Schadstoffe die Selbstdisziplin, die eine der wichtigsten seelischen Talente ist. Die stetige und ganz präzis funktionierende Wechselbeziehung zwischen Seele und Körper läßt sich aus der Erscheinungsform, dem Zustand des Körpers ablesen; denn sowohl Gesundheit als auch Krankheit lassen auf richtiges oder falsches Verhalten schließen.

Die Funktion der Seele

Gott schuf als Krone seiner Schöpfung die Seelen.

Da sich das gesamte Universum stets in einem Wachstums- und Reifungsprozeß befindet, hat Gott auch in die menschlichen Seelen eine Entwicklungsfähigkeit eingebaut, damit sie die Möglichkeit erhalten, schließlich das Ziel der Vollkommenheit zu erreichen. Eine Weiterentwicklung ist nur möglich bei freiem Willen oder ganz allgemein: in Freiheit. Durch die vollkommene Freiheit, sich entscheiden zu können, ist dieser freie Wille die wichtigste und umfassendste Funktion aller Seelen. Der gezielte Wunsch, an sich zu arbeiten und die Vollkommenheit schließlich zu erreichen, ist jeder Seele völlig selbst überlassen.

Das gesamte Universum ist einer steten Fortentwicklung unterworfen, „alles fließt"; also kann nichts stehenbleiben. Dieser Grundsatz gilt auch für die Seelen, die danach streben sollten, sich mehr und mehr zu vervollkommnen, um die Verfeinerung des Universums wirkungsvoll zu unterstützen. Mit eingeschlossen in diesen Prozeß des Werdens und Wachsens sind auch die Gesetze, so daß sich beispielsweise in den letzten 2000 Jahren die geistigen Universalgesetze so sehr verfeinert haben, daß sie nun für die hier auf der Erde existierenden Seelen eine viel präzisere Hilfe darstellen. Für alle Seelen bestehen gerechterweise seit der einzigen Schöpfungsstunde vor vielen Hunderttausenden von Jahren die gleichen Chancen, sich fortzuentwickeln, denn wären nicht alle Seelen zur gleichen Zeit erschaffen worden, so hätten die jüngeren jetzt eine wesentlich bessere Entwicklungsmöglichkeit als die älteren. Eine Ungerechtigkeit aber entspräche weder dem Wesen Gottes noch der Präzision der Universalgesetze.

Nun stellt sich die Frage, warum es verschiedene Entwicklungsstufen der Seelen gibt. Einmal strebten nicht alle Seelen mit gleicher Intensität und Schnelligkeit nach der Vervollkommnung. Zum anderen war es nicht möglich, daß Gott jede Seele bei ihrer Erschaffung fragen konnte, ob sie sich für die Ewigkeit weiterentwickeln wolle oder nicht. Durch die Entscheidungsfreiheit kann jede Seele die Richtung und das Tempo ihres zukünftigen Werdeganges selbst bestimmen.

,,Wer auf den Geist sät, wird vom Geist das ewige Leben ernten. Wer auf das Fleisch sät, wird vom Fleisch die ewige Verderbnis ernten'' steht in der Bibel Gal. 6,8. Wir dürfen heute nicht mehr von der Verderbnis die kindliche Vorstellung des mittelalterlichen Höllen- und Fegefeuers haben, sondern müssen darin einen Zustand sehen, der durch eigene Fehler, Leid und Energieverlust verursacht worden ist. Es ist eine Situation, in der die Seele gänzlich von Gottes Liebe und Harmonie abgetrennt ist und schließlich auf den völligen Verlust der Eigenenergie zusteuert. Auch zu dieser Erkenntnis führt uns die Bibel in Matthäus 20,16: „Viele sind berufen, aber wenige sind auserwählt." „Berufen-sein" heißt, von Gott geschaffen mit der Funktion des freien Willens. „Auserwählt-sein" bedeutet, daß die Seele die Chance der freien Willensäußerung im Sinne der positiven Entwicklung wahrgenommen hat und nun für ewig in der Harmonie mit Gott und den Gesetzen leben will.

Seit der Erschaffung der Seelen arbeiten einige davon sehr intensiv und entwickeln sich schnell. Andere aber haben ihre Chance und die Zeit schlecht genützt, sind stehen geblieben und schließlich in ihrer seelischen Entwicklung mehr und mehr zurückgefallen.

Diese Tatsache erklärt die unterschiedlichen Erscheinungsformen und Einflüsse der Seelen auf ihre Umwelt; man nennt dies die Entwicklungsstufe. Ein Hl. Franz v. Assissi und eine Hl. Theresia v. Avila stehen in ihrer Entwicklungsstufe z. B. weit über einem Terroristen, denn es ist unmöglich, sich in einem einzigen Leben hier auf der Erde entweder so hoch zu entwickeln oder auch so tief zu sinken. In der Entwicklungsstufe äußert sich die Arbeit einer Seele an sich selbst im Laufe von vielen Hunderttausenden von Jahren seit Schöpfungsbeginn.

Die Entwicklungsstufe betrifft vor allem das Niveau, das eine Seele in ihren drei Teilberichen Intelligenz, Talente und Charaktereigenschaften erreicht hat. Um die Entwicklungsstufe zu verbessern, müssen diese drei Hauptfunktionen der Seele gefördert und positiv bearbeitet werden. Man kann nämlich die Seele durch stete Arbeit an sich selbst entwickeln. Sowohl die Intelligenz als auch die Talente lassen sich während der gesamten Dauer des irdischen Lebens ausbilden, d. h. je mehr Fähigkeiten in einer Seele angelegt sind und gefördert werden, desto rascher vollzieht sich die seelische Höherentwicklung.

20

Die Charaktereigenschaften lassen sich durch den freien Willen der Persönlichkeit beeinflussen, d. h. wenn man sich bewußt bemüht, gut zu sein und schlechte oder schädliche Eigenschaften in sich auszuschalten, wird man Erfolg haben und glücklicher und zufriedener mit sich selbst werden.

Wie man die Arbeit an seiner Seele in Angriff nimmt und bewerkstelligt, wird in späteren Kapiteln näher beschrieben.

Die Erde als Entwicklungsebene

Die Erde ist das Entwicklungsgebiet, das die Seele der Menschen vor den Scheideweg stellt: Will man mit Gott, den Gesetzen und mit sich selbst in Harmonie leben oder nicht? Sich diese wichtige Frage bewußt zu stellen, ist ausschlaggebend für unser Dasein, denn hier ist die Entscheidungsebene, wo „die Spreu vom Weizen getrennt wird" (Matth. 3,12).

Wegen zahlreicher Verlockungen und Gefahren ist es schwer, in dem Irrgarten der Erde die beste Richtung zu erkennen, denn in geistiger Beziehung „führen nicht alle Wege nach Rom". Versucht man jedoch die Erde als eine Lebensschule zu betrachten und bemüht sich, die wichtigsten Kapitel gut zu lernen, so fällt es einem wie Schuppen von den Augen: Ausschlaggebend ist die Fähigkeit, durch bewußtes Erleben und Durchdenken der täglichen Ereignisse die Hilfen Gottes und der Gesetze zu erkennen und seine Schlüsse daraus zu ziehen. Also hat jedes noch so unbedeutende Geschehen eine Ursache und eine Wirkung. Damit verlieren sogenannte „Zufälle" sowie „Glück" und „Pech" ihre scheinbare Sinnlosigkeit. Man darf sagen: Das, was einem Menschen „zu-fällt", weil es ursächlich bedingt war, deckt das Gesetz von Ursache und Wirkung auf. Durch das „Zu-fallen" wird uns das Ergebnis falschen Verhaltens oder einer Kette von Fehlern klargemacht. In allem liegt also eine tiefere Bedeutung. „Glück" als solches und „Pech" als solches gibt es nicht! „Glück" ist immer die Zustimmung Gottes oder der Gesetze, die einer richtigen und positiven Entscheidung des Menschen folgt. „Pech" ist die scheinbar negative Reaktion Gottes oder der Gesetze auf eine Fehlentscheidung. Scheinbar negativ, weil zunächst ein unangenehmes Problem auftaucht (z. B. Reifenpanne), das den Menschen zum Nachdenken bringen soll. Erkennt der Betroffene den Hinweis Gottes auf sein falsches Verhalten, so ist auch das „Pech" als Lernprozeß, also als positiv im Sinne der Lebensschule anzusehen. Ist man bereit zu lernen, d. h. sich selbst in Frage zu stellen, sich zu verändern, sprich zu verbessern, oder nicht?

Die weitverbreitete Ansicht, daß man den Charakter eines Menschen nicht verändern könne, stellt ein Verkennen der Entwicklungsmöglichkeiten auf dieser Erde dar. Dadurch, daß man ständig auf Widerstände stößt, wird man veranlaßt, über diese nachzudenken. Ist man flexibel genug und bemüht sich wirklich, die Probleme zu deuten, so wird man in der Lage sein, seine Einstellung zum bisherigen Leben zu überprüfen und gegebenenfalls auch zu ändern.

Die Charaktereigenschaften

Neben der Intelligenz und den Talenten, die in späteren Kapiteln besprochen werden, ist es vor allem wichtig, an seinen Charaktereigenschaften zu arbeiten, denn diese sind die bedeutendsten Bestimmungsfaktoren für die Qualität der Seele und den Stand der seelischen Entwicklungsstufe.

Es ist die Aufgabe und das Ziel jeder Seele hier auf der Erde, in jeder der fünf unten beschriebenen Charaktereigenschaften ein gewisses Niveau zu erreichen, damit die Seele genügend Energie in sich trägt, um für ewig existieren zu können. Das gesamte Universum ist Energie, und der Gesamtzustand eines Menschen ist eine Folge des Verhältnisses von Energieentzug und Energiezufluß. Jeder richtig bewältigte Denkvorgang und vor allem jede richtig getroffene Entscheidung führt einen Energiezufluß herbei, jeder negative Denkvorgang oder jede falsch getroffene Entscheidung bringt einen Energieentzug mit sich.

I. Die Ehrlichkeit

Die Ehrlichkeit ist die wichtigste und bestimmendste Charaktereigenschaft für die gesamte Persönlichkeit. Sie stellt die Basis oder das Fundament aller inneren Werte dar. Jeder muß daher bei der Wahl eines Freundes oder Mitarbeiters vor allem auf den Stand der Ehrlichkeit des anderen achten.

Ehrlichkeit besteht aus mehreren Teilkomponenten, wozu auch Ordnung und Pünktlichkeit gehören. Wegen ihrer hohen Bedeutung für die Wesensart eines Menschen darf man in ihr das Fundament aller inneren Werte sehen, denn sie prägt eine Persönlichkeit in hohem Maße.

Es ist ehrlich, wenn ich meine Arbeiten und Aufgaben ordentlich durchführe und wenn ich pünktlich bin. Wenn man beispielsweise ab 8 Uhr früh bezahlt wird, so sollte man nicht erst um ein Viertel nach 8 Uhr oder gar um halb 9 Uhr am Arbeitsplatz ankommen, sondern eher ein Viertel vor 8 Uhr da sein, um in Ruhe und Ordnung exakt um 8 Uhr die Arbeit zu beginnen. Auch sollte man nicht bummeln und die Pausenzeiten korrekt einhalten. Ehrlichkeitsprüfungen stellen sich besonders im Alter von 13 bis 20 Jahren ein, aber sie treten auch während des ganzen Lebens auf und präsentieren sich in verschiedensten Formen. Nachfolgend einige Beispiele:

a. Wenn man nach dem Kauf einer Ware an der Kasse zuviel Wechselgeld herausbekommt, so muß man den überzahlten Betrag immer zurückgeben.

b. Eine bereits benutzte, von der Post versehentlich nicht abgestempelte Briefmarke darf nicht nochmals verwendet werden.

c. Fehler im Beruf, die leicht auch von anderen Kollegen gemacht worden sein könnten, soll man nicht vertuschen, sondern selbst aufdecken.

d. Ein Geschäftsmann erhält von seiner Firmenleitung eine Netzkarte für öffentliche Bahnen zur geschäftlichen Benutzung. Eines Tages leiht er sich eine weitere Netzkarte, um seine Freundin unentgeltlich mitnehmen zu können, bzw. um sich 200,— DM auf diese Weise zu ersparen. Am Ende der Reise bemerkt er, daß er seinen Photoapparat im Wert von etwa 600,— DM in einem der Züge vergessen hat.

Die langfristige Beobachtung der göttlichen Gesetzmäßigkeiten zeigt, daß man den dreifachen Wert dessen verlieren muß, was man sich unehrlicherweise angeeignet hat. Nicht immer folgt die ,,Strafe'' umgehend, manchmal auch einige Tage oder Wochen später. Aber auf Grund des Gesetzes von Ursache und Wirkung muß alsbald eine solche oder ähnliche Wirkung zwangsläufig eintreten.

Besonders wichtig ist die Ehrlichkeit zu sich selbst. Erst wenn man seine eigenen Fehler erkennt und bearbeitet, kann man seine Persönlichkeit entwickeln. Es hilft nichts, wenn man beispielsweise in der negativen Erbanlage, in den tatsächlichen oder vermeintlichen Erziehungsfehlern der Eltern oder in sogenannten Umwelteinflüssen oder -bedingungen Ausreden für seine Schwächen sucht. Manchmal sogar stellen sogenannte negative Umwelteinflüsse eine besondere Hilfe dar; denn durch sie erhält man den Hinweis, im Negativen das Positive zu entdecken, d. h. man sollte ein Versagen ehrlich zum Anlaß nehmen, seine Denkrichtung zu ändern und in Zukunft besser zu handeln.

Lügen und Stehlen werden von jedem selbstverständlich als Charakterschwächen vermerkt; nur mit den sogenannten Notlügen nimmt man es nicht so genau. Meistens sind sie aber nur Ausreden, weil man sich bei seinen Mitmenschen nicht unbeliebt machen will oder sich fürchtet, in einem Gespräch zuzugeben, daß man anderer Meinung ist. Vor allem im Geschäftsleben kann man dauerhaft nur dann Erfolg haben, wenn man vermeidet, sich durch einen Vorwand aus einer peinlichen Situation herausretten zu wollen. Meistens durchschaut der Geschäftspartner früher oder später doch die Ausrede und man steht schließlich schlechter da, als wenn man mutig bei der „ganzen" Wahrheit geblieben wäre.

Viele Probleme des Lebens sind auf Ausreden, also letzten Endes Unehrlichkeit, zurückzuführen. Ja, sogar Konkurse, zerbrochene Ehen, aber auch Krankheiten, deren Symptome im Zusammenhang mit organischen Mängeln an Augen und Ohren oder auch durch Zwangsvorstellungen hervorgerufen zu sein scheinen, stehen manchmal in ursächlichem Zusammenhang mit einer kaum erkennbaren Unehrlichkeit. Man will etwas anders sehen, als es tatsächlich ist, man möchte dieses oder jenes nicht hören, weil man es nicht wahrhaben will, man versucht sich durch den Genuß von Alkohol oder Drogen über eine unangenehme Situation hinwegzutäuschen. Durch Fluchtversuche werden bestehende Umstände und Tatsachen in gar keiner Weise verändert, so daß danach die Gegenwart meistens trister als vorher erscheint. Wenn es an Ehrlichkeit sich selbst gegenüber fehlt, so führt dies regelmäßig zum Auftreten neuer und schwererer Probleme.

II. Der Mut

Die Charaktereigenschaft „Mut" ist für die seelische Entwicklung besonders wichtig, weil sie sich auf viele Bereiche des menschlichen Lebens auswirkt. Mut zu haben oder ständig unter mangelndem Mut — also Angst — zu leiden, kann ein ganzes Leben entscheidend beeinflussen, ja, aufbauen oder zerstören. Die richtige Art von Mut ist, für seine Überzeugung und für die Wahrheit einzustehen. Also nicht einzustimmen, wenn ein junger Mann z. B. von einem andern verleitet wird, über einen zu breiten und tiefen Graben zu springen. Waghalsigkeit ist kein Mutbeweis, sondern Geltungsbedürfnis. Nach dem Erkennen der Gefahr zeugt es von mehr Mut, den Graben nicht zu überspringen, als der Verlockung Folge zu leisten.

Mut ist es vor allem, dann „Nein" zu sagen, wenn man mit einer Tatsache nicht einverstanden ist. Man sollte sich niemals „breitschlagen" lassen, um später das Gefühl des „Ausgenützt-werdens" zu haben. Man kann nämlich nur dann ausgenützt werden, wenn man dem Anspruch des anderen nachgibt, also zu wenig Mut hat, sich zu behaupten.

Der Mangel an Mut ist als Schwäche vor allem bei Frauen zu beobachten. Sie wollen niemanden „verletzen", wagen aber im Grunde nur nicht, ihre Meinung zu sagen, obwohl diese richtig wäre. Oder der Mangel an Durchsetzungskraft läßt sie aus Mitleid oder dem Bedürfnis, jemanden zu verwöhnen, Arbeiten tun, deren Notwendigkeit sie eigentlich gar nicht einsehen. Oft könnte ein Familienangehöriger diese Tätigkeit ebenso gut verrichten. Ja, sie finden häufig so lange nicht den notwendigen Mut zur Ablehnung, bis ihre Tätigkeit nicht mehr als Zumutung, sondern als Selbstverständlichkeit angesehen wird. Die Persönlichkeit kann sich nur entwickeln und entfalten, wenn man der eigenen Meinung Ausdruck verleiht und erkennt, daß man wegen des Gewichtes seiner Person geachtet und geschätzt wird. Dies gilt sowohl für die berufliche Laufbahn wie auch für das Privatleben.

Um Selbstsicherheit und Selbstvertrauen entwickeln zu können, muß man auch den Mut finden, Probleme und schwierige Situationen zu bewältigen, anstatt sie vor sich herzuschieben oder sie zu umgehen. Ein solches Umgehen der Schwierigkeiten zieht nur größere Probleme nach, d. h. diese wachsen an wie eine Lawine und reißen — wie diese im Sturz — vieles mit, was sonst unbeschadet geblieben wäre. Eine schematische Zeichnung verdeutlicht die Situation:

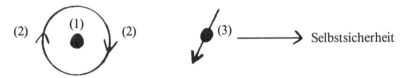

Zu 1) Das Problem ist der Kernpunkt. Der sich darumziehende Kreis steht für die Beschäftigung mit dem Problem. Versucht man, wie die Katze um den heißen Brei, (2) um die Sache herumzugehen, ohne sie zu bereinigen, so zeigt diese die Unart zu wachsen. Man sollte stattdessen nach gründlicher Überprüfung versuchen, das Problem zu lösen (3).

Jedes gut gelöste Problem bringt durch das Erfolgserlebnis einen Zuwachs an Selbstvertrauen und Selbstsicherheit und stärkt das Fundament einer innerlich gefestigten Persönlichkeit. Schließlich sollte man den Schneid haben, auch dann seinen Standpunkt mit Diplomatie zu behaupten, wenn die Allgemeinheit anderer Ansicht ist, man selbst aber deren Auffassung als falsch erkennt. Auf diese Weise wächst der eigene Mut und man hilft gleichzeitig anderen Menschen, den richtigen Weg zu erkennen.

Sich nicht entscheiden können, züchtet geradezu eine Kette von neuen Problemen. Eine nicht getroffene Entscheidung ist immer eine falsche Entscheidung, weil sie den Menschen immer mehr in die Richtung der Mutlosigkeit drängt. Selbst ein spät oder zu spät getroffener Entschluß hat zumindest den praktischen Wert, daß man sich aufgerafft hat, Stellung zu beziehen. Allein das ist schon eine kleine bestandene Mutprobe und damit positiv. Außerdem bedeutet der Denkvorgang des Urteilens und Auswählens einen Lernprozeß, so daß man sich zutraut, das nächste Problem besser anzugehen.

Zeichen negativer Mutart sind sowohl Aggressionen als auch das lautstarke Zanken oder Herumschreien. Auf beide Äußerungen können deshalb auch nur negative Resultate folgen, die die Sache verschlimmern. Ebenso ist zu schnelles Autofahren oder Waghalsigkeit im Sport kein Beweis von Mut, denn man riskiert bei beiden ,,Kopf und Kragen''. Eine Frau, die es durch zuviel Rauchen und Trinken mit den Männern aufnehmen oder durch bewußt auffällige Kleidung ,,männlich'' wirken möchte, zeigt damit keine Beherztheit, sondern eine negative Mutart, denn sie will etwas vortäuschen.

Der Mangel an echtem, positivem Mut bringt Probleme mit sich und führt zu vielen Krankheiten. Es treten hauptsächlich Ängste in allen Formen auf, z. B. vor geschlossenen Räumen (,,Platzangst''), vor Aufzügen, vor Dunkelheit oder vor gewissen oft kleinen Tieren wie Spinnen, Mäusen etc. Auch Stottern, Erröten, Schweißausbrüche oder Asthma sind Folge fehlenden Mutes. Halten Mutprobleme über eine längere Zeit an, so verkrampfen sich die Organe und es zeigen sich Störungen wie Krankheiten des Magen- und Darmtraktes als Magengeschwür oder Colitis sowie auch Beschwerden der Wirbelsäule, der Bandscheiben, der Atemorgane usw. Im Volksmund sagt man: „Kein Rückgrat haben", wenn Mut oder Durchsetzungsvermögen fehlen.

Aus meiner Praxis kann ich folgenden Fall berichten: Eine Patientin, etwa 20 Jahre alt, verheiratet und ohne Kind, hatte ihren Eltern zuliebe einen Mann geheiratet, der ein Despot war und sie durch Selbstmorddrohung zu dieser Ehe erpreßt hatte. Das junge Ehepaar bezog eine Wohnung im Hause der Eltern, was oft Schwierigkeiten zur Folge hat. Die junge Frau erzählte, daß sie nun von Monat zu Monat mutloser werde und sie sich nicht einmal mehr bei ihrer Arbeit im Büro konzentrieren könne. Angst- und Erstickungsanfälle (eine Art von Asthma) brachten sie schier zur Verzweiflung und allmählich wagte sie nicht mehr, allein das Haus zu verlassen.

Eine andere Frau, obwohl Akademikerin und beruflich voll ausgebildet, konnte sich aus einer langjährigen qualvollen Ehe mit Schlägereien etc. nicht lösen. Es ergaben sich — wie immer in schwierigen Ehen — auch Probleme mit den Kindern. Ihre geistesgestörte Tochter bekam schließlich ein uneheliches Kind. Die Großmutter — nun 55jährig — adoptierte dieses Kind gegen den Willen ihres Mannes. Um es unterhalten zu können, war die Frau trotz ihrer akademischen Ausbildung gezwungen, sich als Putzfrau zusätzlich Geld zu erarbeiten, obwohl ihr Mann gut verdiente, aber nicht auch noch für sein Enkelkind aufkommen wollte.

In beiden geschilderten Fällen fehlte es den beteiligten Frauen an Mut, in schwieriger Situation die Kraft für eine richtige, wenn auch vielleicht manchmal unbequeme Entscheidung aufzubringen. Hätten sie dies geschafft, wäre das eine Erleichterung für sie selbst und auch für die betroffenen Mitmenschen gewesen. Im zweiten Fall wurde durch das uneheliche Kind eine schier unerträgliche Sachlage geschaffen. In der negativen Umwelt konnte das Kind nicht richtig erzogen werden, der Großvater geriet immer mehr in die Abhängigkeit von Alkohol und die Großmutter selbst flüchtete wegen ihres Nervenzustandes — hervorgerufen durch Mutlosigkeit und falsche Entscheidung — von einer Nervenklinik in die andere.

Das ständige Problem vieler Frauen ergibt sich aus der Tatsache, daß sie auch da helfen wollen, wo gar keine Hilfe erwünscht ist, oder daß sie ihnen nahestehende Menschen — hauptsächlich Ehemänner oder Verwandte — aus einer für diese vermeintlich schwierigen Situation retten wollen.

Die Betroffenen legen nämlich meist gar keinen Wert auf derartige Bemühungen und haben nur selten ein ernsthaftes Interesse an einer Änderung der Verhältnisse.

Auch das Aufopfernwollen — unter Umständen bis zur Selbstverleugnung — ist ein typisches Frauenproblem. Mangelnder Mut führt zu unterentwickeltem Selbstwertgefühl, so daß oft krankhaft und bis zur Selbstaufgabe Anerkennung durch andere Menschen gesucht wird. Durch derartiges Verhalten schadet man jedoch nicht nur der richtigen Entwicklung der eigenen Charaktereigenschaft „Mut", sondern man greift auch in die Problemgestaltung Gottes für andere Menschen ein und hindert diese möglicherweise an ihrer positiven Weiterentwicklung. Ein Problem muß letztendlich immer von derjenigen Person bearbeitet und gelöst werden, für die es gestellt wurde. Hilfe durch andere, seien es Partner, Verwandte, Bekannte, Freunde oder auch Therapeuten, darf immer nur in Form von „Hilfe zur Selbsthilfe" erfolgen. Aber auch diese erlaubte Form der Hilfe sollte generell nur auf ausdrücklichen Wunsch, keinesfalls jedoch gegen den Willen des Betroffenen gegeben werden.

Weitere Beispiele und Erläuterungen zur erfolgversprechenden Bearbeitung von Mutproblemen und damit zusammenhängenden Störungen des menschlichen Wohlbefindens findet der Leser in meiner Schrift „Ängste und Angstneurosen".

III. Vergeben

Die Charaktereigenschaft „Vergeben" hat ebenfalls große Bedeutung für den Entwicklungsstand der Seele des Menschen. Zu den Schwächen dieses Bereiches gehören Zorn, Wut, gekränkt, beleidigt, nachtragend, neidisch oder sehr eifersüchtig sein, Ungeduld, Schadenfreude, Haß oder Rachegefühle, Verfolgen und Verletzen. Man kann dies auch unter dem Begriff: „Nicht vergeben können" zusammenfassen. Diese Fehler erschweren nicht nur die zwischenmenschlichen Beziehungen, sondern sie sind auch die Ursache einer Unzahl von Krankheiten und Leiden. Nicht vergeben können ruft im Zusammenleben der Menschen Hader und Streit hervor; auch unter den Völkern entbrennen immer wieder Kriege, weil sie nicht verzeihen wollen.

Es gibt Mitmenschen, die unter der Wahnvorstellung leiden, daß die ganze Welt nur darauf aus sei, sie zu kränken. Je empfindlicher sie sich zeigen, desto häufiger werden ihnen Probleme in diesem Bereich gestellt. Denn um eine Schwäche bearbeiten zu können, benötigt man viele Gelegenheiten, sich daran zu üben. Ist man überempfindlich, so müßte man versuchen, diese sich und andere quälende Charakterschwäche abzubauen und nicht mehr beleidigt zu sein. Zu Sensitiv-sein bedeutet keine Charakterstärke, sondern ist ein Nachteil und erschwert das Zusammenleben mit den Mitmenschen. Man sollte lernen, gelassen und ruhig zu bleiben und die Fehler der anderen nicht mehr zu bewerten als seine eigenen.

Sich über alles aufregen, erzeugt nur Probleme. Der Volksmund sagt sehr richtig: ,,Dem läuft die Galle über'', was bedeutet, daß die ständige Aufregung nicht nur die zwischenmenschlichen Beziehungen erschwert, sondern daß auch die Organe des Wütenden geschädigt werden.

Wie kann man die Charakterschwäche ,,Nicht vergeben können'' bearbeiten? Man versucht zunächst, sein Verhalten ehrlich zu prüfen, bewußt dieses Zornig- und Gekränkt-sein als Schwäche zu entlarven und sich seinen Mitmenschen gegenüber zu beherrschen. Man muß die Schwäche erkennen und ehrlich vor sich selber zugeben.

Bei kleinen, oberflächlichen Schwächen kann man sich bemühen, sich diese einfach wieder abzugewöhnen. Liegen sie aber tiefer, so muß man auch tiefer graben. Man muß versuchen, die Ursache zu erkennen und ins Bewußtsein zu heben. Wenn das gelingt, bekommt man die Schwäche viel leichter in den Griff, als wenn nur an den Symptomen herumgeflickt wird.

Als Zweites sollte man sich bemühen, das Gekränktsein oder den Zorn nicht zu lange andauern zu lassen. Gelingt es, die Zeit, bis der Ärger verflogen ist, noch mit der Uhr in der Hand zu stoppen, so ist das schon ein ganz passables Ergebnis. Wenn sich aber ein ,,Ärgerzustand'' oder ein ,,Nichtvergeben-können'' durch Monate und Jahre wie ein schleichendes Gift hinzieht, dann ist diese Charakterschwäche schon so eingefleischt, daß man etwas zu ihrer Überwindung tun sollte. Sicherlich machen sich dann auch schon einige organische Krankheitssymptome oder Depressionen bemerkbar. Als dritten Schritt sollte man sich üben, neutral und objektiv zu werden, um die betreffende Angelegenheit gelassener beobachten zu können. In der Rolle des Zuschauers sollte man die Menschen wie Schauspieler auf der Bühne des Lebens agieren sehen und wissen: das Schauspiel sollte ohne mein Einmischen ablaufen.

Versucht man lediglich durch Entspannungsübungen seine Erregungen zu dämpfen, so mag dieses Bemühen im Augenblick eine scheinbare Hilfe bringen, das Grundübel aber wird dadurch nicht beeinflußt. Erst wenn die Ursache bearbeitet wird, schwinden Beschwerden wie Verspannung oder gar Bluthochdruck. Viele organische Krankheiten, vor allem die des Herzens und des Blutkreislaufs, Bluthochdruck, Migräne, aber auch Nieren- und Leberleiden beginnen oft durch Ärger. Man sagt: ,,Es ist jemandem etwas über die Leber gelaufen''. Übermäßiger Ärger führt oft sogar zu Lebensgefahr, denn auch Schlaganfälle und Herzinfarkte können die Folge von Bluthochdruck, also von Übererregbarkeit, sein.

Folgender Fall erhellt die Auswirkung von dauerndem Ärger: Ein Patient, etwa 60 Jahre alt, mußte im Laufe der Jahre 16 Operationen und zwei Herzinfarkte durchstehen, weil er sich über zuviele Kleinigkeiten aufregte, sich nicht beherrschen konnte und häufig wie ein Vulkan explodierte. Unzählige symptomatische Behandlungen mit Spritzen, Tabletten und anderen Medikamenten und natürlich die Operationen hatten seinen gesamten Organismus immer mehr geschwächt, ohne das Grundleiden zu beheben.

Zum Punkt Vergeben-können gehört auch der Bereich der sogenannten Schuldgefühle, das Sich-selbst-vergeben können. Es ist wichtig, sich selbst gegenüber kritisch zu sein, aus seinen Fehlern zu lernen, um sich zu ändern und in Zukunft richtiger zu verhalten. Grübeln, Sorgen und Selbstvorwürfe verschlimmern eine Sache. Ja, manchmal beziehen sich die Selbstanklagen nur auf eingebildete Fehler, d. h. man denkt, man hätte sich falsch verhalten, was aber gar nicht stimmt. Dann macht man sich Selbstvorwürfe, die sich schließlich zu regelrechten Schuldgefühlen entwickeln und in Depressionen enden können. Ein Beispiel unterstreicht diesen Prozeß: Eine Frau sucht wegen schwerer Depressionen meine Praxis auf. Es stellt sich heraus, daß ihr Mann, den sie aufopfernd gepflegt hatte, im vorhergehenden Jahr an Krebs gestorben war. Sie litt jetzt unter so schweren eingebildeten Schuldgefühlen, sie hätte vielleicht nicht genug für ihn getan, daß sie selbst ernstlich erkrankte. Nachdem ihr Irrtum in mehreren Konsultationen besprochen wurde und bereinigt war, fühlte sich die Frau von den Selbstvorwürfen frei und gesundete zusehends.

Schuldgefühle erzeugen immer Depressionen durch langanhaltenden Energieverlust. Negative Gedanken, Grübeln oder Selbstvorwürfe entziehen dem Körper soviel lebenswichtige Energie, daß er sich nicht mehr regenerieren kann und organisch erkrankt. Neben den als mögliche Folge auftretenden Krankheiten dürfen bei dieser Charakterschwäche auch die Störungen im zwischenmenschlichen Bereich nicht übersehen werden. Mit „Mimosen", d. h. leicht beleidigten und schnell erregbaren Menschen gestaltet sich das Leben problematisch. Auch wer unter Eifersucht leidet, ist für Freunde und Familie schwer zu ertragen; so manche Freundschaften und Ehen zerbrechen, weil die Personen selbst über Kleinigkeiten nicht hinwegsehen, sie nicht verzeihen können. Denn auch der Schöpfer kann unsere menschlichen Fehler nur vergeben, wenn wir selbst bereit sind, unseren Mitmenschen und auch uns selber tatsächliche oder eingebildete Fehler zu vergeben.

IV. Positive Lebenssicht — keine negative Kritik

Große Bedeutung für die Entwicklung der Persönlichkeit hat die Bereitschaft und Fähigkeit, alle Vorgänge und Ereignisse des täglichen Lebens, besonders auch die anscheinend negativen, als letzten Endes positiv erkennen zu können. Die Notwendigkeit hierfür ergibt sich dadurch, daß im Universum ein Zustand von Harmonie herrscht und für jedwede Art von Negativem dort kein Platz ist. Weil aber die Menschen noch viele Fehler machen, ist dieser Zustand der Harmonie auf der Erde noch längst nicht erreicht. Leiden und Probleme sind deshalb unter den Menschen weit verbreitet. Diese sind jedoch weder zwangsläufig noch durch sogenanntes ,,Schicksal'' verursacht, sondern können in ihrem Verlauf, ihrer Dauer und ihrer Intensität durch geeignetes Verhalten des Betroffenen beeinflußt werden. Dabei spielt es eine entscheidende Rolle, ob die Ereignisse des täglichen Lebens mehr negativ oder aber mehr positiv gesehen und verarbeitet werden können.

In diesem Zusammenhang muß die Kritik, insbesondere die mehr zum Negativen geneigte Kritik, näher betrachtet werden.

Wir haben uns mehr und mehr daran gewöhnt, in einem kritischen Menschen einen besonders urteilsfähigen Mitmenschen zu sehen, auf dessen Wort man gerne hört. Kritische Äußerungen wirken oft besonders interessant und unterhalten den neugierigen Zuhörer; ein starker Schuß ins Negative bleibt jedoch dabei meistens nicht aus.

Als Beispiel sei das beliebte Pausengespräch beim Besuch einer Theateraufführung genannt. Dort werden meist weniger die guten oder gar hervorragenden Leistungen der Schauspieler oder Sänger besprochen, sondern man pickt sich mit Vorliebe gerade denjenigen als Diskussionsthema heraus, der an diesem Abend vielleicht nicht ganz die übliche oder die von den Zuschauern erwartete Leistung erbracht hat.

Auch beim Autofahren ist es weit verbreitet, an den Fahrkünsten des Partners etwas auszusetzen. Solche sicher gut gemeinten, aber kritischen Ratschläge erzielen oft die gegenteilige Wirkung, sie verunsichern nämlich den anderen, so daß seine Fahrleistung nicht besser, sondern schlechter wird.

Grundsätzlich sollte man jede Art von negativer Kritik vermeiden, denn ,,nur wer fehlerfrei ist, der werfe den ersten Stein'' (Joh. 8,7). Nach dem Gesetz von Ursache und Wirkung wird die Person, die Negatives über jemanden äußert oder gar verbreitet, von zwei anderen Leuten wiederum negativ kritisiert. Besonders beim Reden über weniger sympathische Zeitgenossen werden gerne die Ereignisse aufgebauscht, um den Worten mehr Nachdruck zu verleihen. Aber durch Übertreibung bleibt man schon nicht mehr bei der Wahrheit, so daß aus einem bißchen Zuviel gleich eine Verleumdung oder gar ein Rufmord werden kann.

Es ist immer leichter, die Fehler des anderen zu erkennen als die eigenen (Sprichwort vom Splitter im Auge des anderen und vom Balken im eigenen Auge). Die Mängel, die man an seinem Gegenüber untrüglich zu bemerken glaubt und die am meisten stören, finden sich in der Regel in ganz ähnlicher Form als Charakterschwäche bei der eigenen Person wieder. So wirken Mitmenschen oft wie ein Spiegelbild. Sie liefern Hinweise auf die eigenen Schwächen und damit Ansatzpunkt zur Bearbeitung derselben.

Zum Bereich ,,negative Kritik'' gehört auch das häufige Jammern über schlechtes Wetter, Hitze, Kälte, Regen und Föhn. Dies ist meist ein Ausdruck von innerer Unzufriedenheit mit sich selbst. Auch die sogenannte Wetterfühligkeit hat nur in den seltensten Fällen ihre Ursache in organischen Krankheiten, sondern beruht in der Regel auf der Neigung zu übermäßiger Kritik und negativer Sicht der Dinge.

Auch wenn man es noch so gut meint, sollte man nie ungefragt einen Rat geben; denn meistens predigt man tauben Ohren, so daß der Fingerzeig brüsk als Kritik zurückgewiesen wird und der andere sich geschulmeistert fühlt. Das bedeutet zugleich, daß dieser seine Lebensschule auf einem bestimmten Gebiet noch nicht abgeschlossen hat. Man würde nur den Lernprozeß durch verfrühte Ratschläge unterbinden, also eine falsche Hilfe geben. Damit würde man nämlich dem Schöpfer ins Handwerk pfuschen, wenn er selbst eine viel bessere Lektion erteilen will. Wir übersehen eine Situation nur von unserem engen Blickwinkel aus, während Gott alle großen Zusammenhänge kennt. Gott weiß den besten Weg und hat die besten Methoden, damit wir aus allen Schwierigkeiten herausfinden. Ein weiteres Beispiel erläutert dies:

Frau X kommt nur noch ganz selten zu Besuchen in ihren früheren Wohnort, wo auch eine andere sehr liebe Freundin, Frau Y, wohnt. Frau X lädt einige weitere Freunde und Frau Y zum Mittagessen ein; aber ausgerechnet heute hat diese ihrem Partner — mit dem sie sich nicht sonderlich gut versteht und den sie täglich sieht — versprochen zum Essen zu gehen und mit ihm den Sonntag zu verbringen. Sie sagt bei Frau X ab. Natürlich tut es beiden leid, daß aus dem Wiedersehen nichts wird. Am Abend klingelt das Telefon bei Frau X und Frau Y meldet sich mit kaum hörbarer, belegter Stimme und sagt, sie fühle sich so entsetzlich elend, weil sie sich schon mehrmals erbrochen habe; aber sie wisse auch warum und habe ihre Lektion verstanden. In Zukunft würde sie sich mehr um das Richtige bemühen und mehr Mut zeigen. Hätte in diesem Fall Frau X schon vorher versucht, ihrer Freundin die Wirkungsweise mangelnden Mutes und des Universalgesetzes zu erklären, so wäre dieser Hinweis als handfeste Kritik gewertet und weder angenommen noch geglaubt worden. Gottes Unterweisung aber brachte eine echte Lehre für beide Beteiligten, die auf die Dauer ihre Freundschaft festigte. So sollte man demütig bereit sein, schwierige Situationen Gott zu überlassen und nicht selbst etwas — mit dem Kopf durch die Wand — erzwingen wollen. Er hat die wirkungsvolleren Methoden.

Eine andere Sache ist es, wenn Vater oder Mutter den eigenen Kindern im Alter bis zu 20 Jahren, Lehrer ihren Schülern, ein Meister seinen Lehrlingen und der Chef seinen Angestellten Erklärungen und Anweisungen geben. Ja, in gewissem Rahmen müssen diese Erzieher kritisieren, Erklärungen geben und durch ein gutes Vorbild den Ratschlägen Nachdruck verleihen. In gewissem Rahmen heißt hier, daß immer „der Ton die Musik" macht. Ist man geduldig und freundlich, um dem Gegenüber zu zeigen, daß man ihn trotz des augenblicklichen Tadels achtet, so wird er sich die Worte zu Herzen nehmen und sie als echte Hilfe zu werten wissen. Bemerkungen wie: „Aus Dir kann ja nie etwas werden" zerstören das ohnehin oft geringe Selbstbewußtsein junger Menschen nur noch mehr. Auch als Elternteil, Lehrer, Meister oder Chef wird man ständig in Geduld und im Entwickeln von pädagogischen Talenten geprüft.

Gegenüber erwachsenen Mitmenschen gilt im allgemeinen, daß man nicht als ihr Lehrer und schon gar nicht als kritisierender Schulmeister auftreten sollte. Bittet jedoch der andere um Rat, so darf man Hilfestellungen leisten, denn man kann dann davon ausgehen, daß der Fragende in Richtung auf die Überwindung seiner Probleme aufgeschlossen ist. In diesem Fall wird eine Meinungsäußerung nicht als Tadel oder Kritik, sondern als willkommene Hilfe gewertet.

Man kann auch beobachten, daß viele Krankheiten, insbesondere im Zusammenhang mit Mund, Zähnen, Atmungsorganen, Bronchitis, Asthma oder Allergien oft ihre Wurzel in allgemeiner negativer Lebenseinstellung, in negativer Kritik oder in negativen Gedanken haben. Insbesondere führt das negative Denken zu Kopfschmerzen und Migräne. Darüber hinaus entstehen häufig schwere körperliche Krankheiten. Durch negative Sicht und negative Gedanken bildet sich ein Teufelskreis: man zieht das Negative an, versinkt in Depressionen und das sogenannte ,,Pech'' scheint wie eine Bestätigung dafür zu sein. Das alles jedoch ist selbst verursacht.

Sogar Schizophrenie, eine schwere Geisteskrankheit, kann durch langes und intensives eigenes negatives Gerede entstehen. Besonders bei der ,,Paranoia'', dem Verfolgungswahn, zwingen einen die Universal- oder Naturgesetze schließlich dazu, all das zu glauben, was man sich jahrelang an negativen Vorstellungen zusammengereimt oder an abfälligen und bissigen Bemerkungen seinen Mitmenschen ins Gesicht geschleudert hat.

Nur durch bewußte Entwicklung einer positiven Lebenssicht kann man Schwierigkeiten und krankhafte Veränderungen aus der Welt schaffen. Das bedeutet, man muß die entsprechende Charaktereigenschaft entwickeln und verbessern. Wer seine Umwelt in erster Linie positiv sieht und sich entsprechend verhält, darf mehr Erfolg, Harmonie und Glücksgefühle vom Leben erwarten.

V. Zeitnutzung und Zeitverschwendung

Zur Zeit Moses und der Gesetzgebung Gottes durch die 10 Gebote, also vor rund 3000 Jahren, gab es kaum Zeitverschwendung. Die zur Bestreitung des Lebensunterhaltes erforderliche meist schwere Arbeit und der notwendige Schlaf füllten Tag und Nacht im natürlichen Rhythmus vollkommen aus. Ohne Elektrizität für die Beleuchtung in der Dunkelheit oder für zeitsparende Maschinen blieb nur wenig freie Zeit, die in Form von Festen sinnvoll und aufbauend genutzt wurde. In unserer modernen Gegenwart bietet der rasante Fortschritt der Technik den Menschen jedoch viel mehr an freier Zeit. Es ist nicht gleichgültig, wie man dieses Mehr an verfügbarer Zeit verwendet, denn Zeit ist eine Kostbarkeit für die Entwicklung der Seele. Hierfür ist von großer Bedeutung, ob man freie Zeit sinnvoll nutzt oder ob man diese mehr oder weniger nutzlos verschwendet. Man kann einen Zusammenhang zwischen der Art der Zeitnutzung und der Energiebilanz der menschlichen Persönlichkeit beobachten. Dabei führt Zeitverschwendung jeglicher Art zu einem Energieverlust, während sinnvolle Verwendung der freien Zeit einen Zuwachs an Lebensenergie bedeutet. Wer häufig seine freie Zeit ,,totschlägt'', verzichtet während dieser Spanne auf den lebenswichtigen Energiefluß des Universums, beraubt sich der Harmonie mit Gott und schädigt die Entwicklung seiner Seele. Die Zeitverschwendung wirkt in unserem Jahrhundert wie ein schleichendes Gift für die Seele, weil sie nur selten als solches erkannt wird.

1. Zeitverschwendung

Verschwenden heißt, mit etwas nicht bewußt oder behutsam genug umgehen, weil man seinen Wert nicht genügend schätzt. Indem man etwas verschwendet, schadet man sich. Man schädigt sich also auch durch Zeitverschwendung, nur erkennen die meisten Menschen das nicht; denn läßt man Zeit ungenützt verstreichen, kann man sie nie wieder einholen. Man hat eine unwiederbringliche Chance, aus seinem Leben mehr zu machen, vertan.

Schon in jungen Jahren sollte man begreifen, was es heißt, die Zeit sinnvoll zu nutzen. Besonders junge Leute vertrödeln manche Stunde mit Menschen, durch die sie negativ beeinflußt werden und die sie auf die falsche Bahn locken. Durchforscht man die Probleme der Jugend eingehender, so erkennt man als Ursache für Zeitverschwendung vielfach den Mangel an Liebe und Zuneigung im Elternhaus. Junge Menschen suchen dann oft eine Art Ersatzbefriedigung in Kneipen und Diskotheken und glauben, dort die Zuwendung zu finden, die ihnen zu Hause nicht gewährt wird. Im nicht mehr kontrollierten Alkoholgenuß tun sie ihrem Geltungsbedürfnis Genüge oder laufen dann gar einem Drogenhändler in die Arme. Eine solche Entwicklung kann vermieden werden, wenn der Jugendliche durch frühzeitige Erziehung daran gewöhnt wurde, Pflichten und Selbstdisziplin als etwas Selbstverständliches anzuerkennen. Dieses sind oft seelenrettende Maßnahmen.

Falsche Zeitnutzung kann auch darin bestehen, daß man sich häufig oder zu lange mit anderen Menschen beschäftigt, von denen man besser Abstand halten sollte. Eine fragwürdige menschliche Beziehung ist immer dann gegeben, wenn sie einen Zustand von Mattigkeit, Energielosigkeit oder gar Depressionen hervorruft. Oft hat man das Gefühl, zu einer Wand gesprochen zu haben, es kommt kein brauchbarer Widerhall. Die mit solchen Leuten verbrachte Zeit ist nutzlos vertan, man fühlt sich müde infolge der Zeit- und Energieverschwendung.

Bei einem Seminar gab eine Teilnehmerin diesbezüglich ein Beispiel: Sie sah eines Tages einen Betrunkenen neben der Straße liegen und wollte „helfen". Er ließ sich nur sehr widerwillig und mit Geschimpfe auf die Beine stellen und wollte eigentlich nicht nach Hause. Nach langem Hin und Her kamen sie doch vor seinem Haus an, die Ehefrau des Betrunkenen machte auf, gab der Seminarteilnehmerin rechts und links eine Ohrfeige, beschimpfte sie: "Schämen sollten Sie sich, meinen Mann so betrunken zu machen" und schlug ihr die Tür vor der Nase zu. Das war für die ungebetene Helferin eine Lebensschule, um ihr zu zeigen, daß es oft besser ist, Abstand zu halten.

Alkoholiker haben grundsätzlich erst dann eine Chance, aus ihrer gefährlichen Sucht herauszukommen, wenn sie so tief gesunken sind, daß sie das Elend freiwillig, aus sich selbst heraus, ändern wollen. Nach solch vergeblichem Hilfeversuch sollte man demütig einsehen, daß Gott der richtige Lehrmeister und Helfer ist, dem die besseren und wirkungsvolleren Methoden zur Verfügung stehen.

Auch der übermäßige Genuß von gesundheitsschädlichen Mitteln zählt zur Zeitverschwendung. Wer über einen längeren Zeitraum regelmäßig zuviel Alkohol und Nikotin konsumiert oder gar zu Rauschgift greift, wird zunächst Warnungen in Form von Unlustgefühlen (Katzenjammer) erhalten. Später folgen dann kürzere oder längere Perioden von Depressionen. Werden auch diese stärkeren Warnungen nicht beachtet, so treten schließlich organische Krankheiten, vornehmlich im Bereich von Leber, Nieren, Herz und Magen auf.

Selbst der als so gesund angesehene Sport hat seine Tücken. Gegen maßvolle sportliche Betätigung ist nichts einzuwenden, man sollte dabei jedoch nicht übertreiben. Wenn er zu intensiv als Leistungssport betrieben wird, besteht auf Dauer gesehen immer die Gefahr von Körperverletzungen, was schädlich und daher zeitverschwendend ist. Insbesondere gilt dies für Sportarten wie Boxen, Motorrad- und Autorennen. Man sollte darauf achten, daß sich die Freude an einer positiven, gesunden Körperertüchtigung nicht zu einer negativen, schädigenden Sportleidenschaft auswächst, bei der sogar ein gewisses Geltungsbedürfnis der Motor sein kann.

Im Winter treten oft an die Stelle des sommerlichen Sports in freier Luft die Gesellschaftsspiele zu Hause. Sie stellen eine nicht zu unterschätzende Erziehungshilfe für Kinder dar, weil diese dabei Selbstdisziplin und das Verlierenkönnen lernen. Für Erwachsene jedoch sind sie eine Art Zeitverschwendung, da gute Gespräche, Spazierengehen, Lesen, Theater- oder Konzertbesuch die geistigen Anlagen eines Menschen mehr fördern.

Das 20. Jahrhundert wirkt oft wie ein Irrgarten. Von Jahr zu Jahr gibt es mehr ,,Bewegungen'' und ,,Sekten'', die oft viel Geld kosten und dem Menschen einen kurzen, bequemen Weg zum Heil versprechen. So ein ,,kurzer Weg'' kann sich als Sackgasse entpuppen, weil sehr häufig die Gedankengänge auf einen Teilbereich des menschlichen Daseins eingeengt werden und die erforderliche Sicht des Ganzen verloren geht. (Sekte ist abgeleitet von Sektor = Teil des Kreises oder von lateinisch sectum = Teil des Ganzen). Mit solch einengender Betrachtungsweise ist häufig das Entstehen von Intoleranz verbunden. Ein Hineinschmecken in derartige Bewegungen ist oft von Wert für die Weiterbildung, man sollte sich jedoch hüten, zuviel Zeit und Energie dafür aufzuwenden. Spätestens wenn Unsicherheit, Unlustgefühle oder gar Depressionen als die uns bereits bekannten Formen der göttlichen Warnung auftreten, ist der Zeitpunkt zum Aussteigen gekommen.

Es gibt nämlich keinen „kurzen Weg". Es gibt nur einen steilen, manchmal steinigen, aber interessanten Weg, auf dem man durch die täglichen Hilfen und Anleitungen der göttlichen Gesetze und der universellen Ordnung sicher geführt wird.

2. Zeitnutzung

Wenn man sich entschlossen hat, den Weg in die positive Richtung zu gehen, sollte man neben der Entwicklung der anderen vier bereits beschriebenen Charaktereigenschaften besonders auch darauf achten, seine freie Zeit möglichst sinnvoll zu verwenden. Dabei gilt der Grundsatz, daß jede Art von Beschäftigung, die die eigene Gesundheit und/ oder die Entwicklung der eigenen Persönlichkeit fördert, als sinnvoll und positiv zu werten ist.

Wenn man seine Zeit vernünftig nutzen will, ist es unerläßlich, sich unter anderem um das Erreichen eines möglichst guten Gesundheitszustandes und dessen Erhaltung zu bemühen. Was ist da zu beachten? Schon unsere Eltern und Voreltern kannten den richtigen *Lebensrhythmus,* sie wußten, daß sich durch ein frühes Zubettgehen der menschliche Körper besser regeneriert; d.h. während des Schlafes vor Mitternacht werden die Körperzellen in einer so grundlegenden Weise erneuert wie sonst zu keiner Tages- und Nachtstunde. Die beste Regeneration für alle Körperzellen, für Nervensystem und Gehirn sowie für die meisten Organe vollzieht sich hauptsächlich in der Zeit von 21.30 Uhr bis Mitternacht, da diese Stunden erfahrungsgemäß doppelt soviele Einheiten der kostbaren Regenerationsenergie bringen wie die übrigen Schlafstunden. Das oft erwähnte Argument, man sei ein „Morgen- oder Abendmensch", stellt im Grunde nur gute oder schlechte Gewohnheit dar. Man darf jedoch von der Empfehlung des Frühzubettgehens abweichen, wenn man Theater oder Konzerte besuchen will und diese Veranstaltungen in den Abendstunden stattfinden.

Wenn man seine Zeit vernünftig nutzen will, so bedarf es sorgfältiger *Planung.* Man sollte deshalb ein grobes Monats- und Wochenprogramm und eine ins Detail gehende Tagesübersicht aufstellen. Dabei darf man nicht zuviel in die einzelnen Stunden hineinpacken, sondern muß flexibel sein, sonst könnte das gesamte schöne Gebäude guter Absichten ins Wanken geraten, falls etwas Unvorhergesehenes dazwischen kommt. Wer seine Zeit gut einteilt und die aufgestellte Planung auch durchführt, fördert dadurch das überaus bedeutende seelische Talent der Selbstdisziplin. Diese wiederum ist die Grundlage für ein erfolgreiches Leben. Fest in den Tagesplan aufgenommen werden sollten der tägliche Spaziergang in frischer Luft und eine morgendliche Gymnastik, die beide die Durchblutung des Körpers und das Wohlbefinden und somit die Gesundheit fördern.

Einen wichtigen Beitrag zur guten körperlichen Verfassung bildet eine *Ernährung,* die die Aktivitäten des Körpers vermehrt und ihn nicht Kräfte und Energie kostet. ,,Was man ißt, das ist man''. Eine gute vollwertige Ernährung, die dem Körper genügend Vitamine, Mineralien und die richtige Art von Kohlehydraten und Eiweißstoffen zuführt, unterstützt das Wohlbefinden des Körpers.

Die Römer kannten den Ausspruch: ,,mens sana in corpore sano'', d. h. ein gesunder Geist in einem gesunden Körper. Für einen intakten Organismus ist alle Tätigkeit, auch die Arbeit an der Seele, leichter. Durch einen schlackenfreien Organismus kann die göttliche Universalenergie besser fließen.

Jede musische Beschäftigung oder das Interesse für ein Spezialgebiet der *Kunst* in irgendeiner Form wie gute Musik, Literatur, Malerei oder Baukunst u. a. mehr bildet eine Art Seelennahrung. Auch die Natur, das größte und schönste Kunstwerk Gottes, kann man durch Wanderungen genießen. Wer regelmäßig seine Zeit in solcher Weise sinnvoll verwendet, trägt damit zur längeren Erhaltung der Jugendlichkeit und Frische seines Körpers bei. Man kann so den Eintritt von Senilität und Greisenhaftigkeit des Körpers erheblich hinausschieben. Dies läßt sich vor allem bei geistig Schaffenden oft beobachten, denn z. B. Goethe, Shaw, Tolstoi oder Toscanini sind sehr alt geworden und bis ins hohe Alter tätig und aktiv gewesen. Sie bewiesen, daß ein menschlicher Körper Alter und Zeit besiegen kann, wenn er durch einen wachen Geist gelenkt wird.

Eine besonders wichtige Art sinnvoller Zeitnutzung ist die Pflege von *Freundschaften*. Gute Gespräche im Freundeskreis bringen viel Aufladung und Energie — man fühlt sich glücklich unter geistig aufgeschlossenen Menschen. Ein Gedankenaustausch mit Freunden erweitert den Horizont, indem man unterschiedliche Ansichten und Lebenserfahrungen kennenlernt. Oft ergänzen sich die verschiedenartigsten Meinungen interessanter Menschen wie die Steine eines Mosaiks und fügen sich zu einem Bild zusammen. Man wird in die Lage versetzt, von anderen gemachte Erfahrungen für das eigene Leben zu nutzen.

Einem weiteren Gesichtspunkt kommt ebenfalls erhebliche Bedeutung zu: Man sollte *wählerisch* sein. Dies gilt für alle Arten von Tätigkeiten, die der Mensch in seiner freien Zeit unternimmt. So ist der Besuch von wertvollen Filmen sicherlich dem von Krimis, Western oder Sexfilmen vorzuziehen. Gleiches gilt für die Auswahl von Fernsehprogrammen, Büchern, Veranstaltungen aller Art usw.

Besonders wichtig ist die Wahl der geeigneten Gesprächspartner.

Zusammenfassend sei nochmals betont, daß jede Art von Beschäftigung oder Tätigkeit, die der positiven Weiterentwicklung der Charaktereigenschaften der menschlichen Seele förderlich ist, eine sinnvolle Zeitnutzung darstellt.

Die Wichtigkeit der Entscheidungen — Schlüsselentscheidungen

Manche Leute meinen, es gäbe kein Richtig und kein Falsch, es sei alles relativ. Wäre das so, dann hätte das Leben wirklich keinen Sinn. Entwicklung, Entfaltung, Fortschritt finden nur statt, wenn man aus Fehlern lernt, wenn man aufbaut, indem man wie bei einer Mauer sorgfältig Stein auf Stein setzt, bis das Gebäude fertig ist. Man muß dabei aufmerksam sein und aufpassen, daß Fehler vermieden werden.

Erfahrungsgemäß muß jeder Mensch ständig kleine Entscheidungen treffen, etwa 15 pro Tag durchschnittlich. Oft ist ihm gar nicht bewußt, daß er mit einem Entschluß den Tagesverlauf beeinflussen kann. Deshalb sollte man bei jeder Entscheidung — und scheint sie auch noch so klein und unbedeutend — das Für und Wider gut abwägen und sie nicht spontan treffen. Man sollte jedoch notwendige Entschlüsse auch nicht vor sich herschieben.

Nachstehend einige Beispiele für tägliche kleine Entscheidungen: Parkt man sein Auto ordnungsgemäß oder läßt man es kurz im Park- oder Halteverbot stehen?

Kommt man pünktlich zu einem vereinbarten Termin?

Antwortet man immer noch geduldig und ruhig, wenn ein Kind zum wiederholten Male die gleiche, anscheinend „dumme" Frage stellt?

Kritisiert man einen Kollegen, wenn man glaubt, daß dieser etwas falsch gemacht hat?

Macht man sich häufig unnötige Sorgen?

Fährt man mit dem Auto öfters viel schneller als erlaubt?

Ist man beleidigt, wenn ein Freund eine unbedachte Äußerung von sich gibt?

Diese und ähnliche kleine Entscheidungen müssen täglich immer wieder getroffen werden, und zwar möglichst richtig im Sinne des Naturgesetzes. Weil jede Entscheidung eine Auswirkung auf das weitere Leben hat, sollte man zukünftig aufmerksam und bewußter seinen Weg gehen. Denn jeder ist wirklich „seines eigenen Glückes Schmied", und niemand darf deshalb für seine Mißgeschicke andere, sondern immer nur sich selbst verantwortlich machen.

Falsch getroffene Entscheidungen rufen Störungen hervor und erfordern gründliches Nachdenken, um im nachhinein das „Pech" oder das „Mißgeschick" als Warnung zu erkennen. Verpaßt man z. B. einen Zug, so sollte man nicht nur die Lehre daraus ziehen, sich bei der nächsten Fahrt rechtzeitiger auf den Weg zu machen, sondern man müßte fragen, ob diese Reise überhaupt notwendig oder richtig sei und warum.

Manche Menschen glauben noch so stark an eine negative Macht im Universum, daß sie deren Einfluß auf den Tagesverlauf für erwiesen halten. Sie wälzen deshalb die Eigenverantwortung auf die sogenannten „Versuchungen des Teufels" ab, als wären sie selbst völlig machtlos und könnten über ihr Verhalten nicht nach freiem Willen entscheiden. Das wäre ja sehr einfach — da wäre eben doch jemand da, auf den man alles Negative, das einem zustößt, abschieben könnte und man wäre die eigene Verantwortung los! Wenn man andere für seine Fehler verantwortlich macht, kann man aus diesen nichts lernen. Der durch gemachte Fehler und das Nachdenken darüber ausgelöste

Lernprozeß ist jedoch für eine stetige Weiterentwicklung der Seele erforderlich.

Neben diesen vergleichsweise wenig bedeutsamen gibt es jedoch manchmal ganz besonders wichtige, lange nachwirkende Entscheidungen zu treffen, die oft Jahrzehnte, ja das ganze Leben beeinflussen. Dies sind die sogenannten Schlüsselentscheidungen, zu denen beispielsweise Berufswahl oder Eheschließung gehören. Solche Entscheidungen prägen den Großteil eines Lebens in mehr positivem oder mehr negativem Sinn. Derartig wichtige Entscheidungen gilt es daher mit besonderer Sorgfalt zu treffen.

Wenn man sich einen bestimmten Beruf aussucht, werden viele Jahrzehnte des Lebens von dieser Wahl beeinflußt. Sehr oft hängt sogar die weitere seelische Entwicklung von dem eingeschlagenen Berufsweg ab. Die Wahl sollte nicht aus finanziellen Erwägungen heraus getroffen werden, sondern man sollte immer überlegen, in welcher Weise der Beruf die persönliche Entwicklung beeinflußt. Kann die Berufsentscheidung der Allgemeinheit nutzen oder schadet sie ihr? Es ist einleuchtend, daß Hersteller oder Verkäufer von gesundheitsschädlichen Produkten wie z. B. Rauschgift, Rauchwaren usw. als Beruf nicht ideal ist. Aber es gibt auch Berufe, an denen im ersten Augenblick nichts Negatives zu entdecken ist, die sich bei genauerem Nachdenken aber letzten Endes doch als hinderlich für eine bessere seelische Fortentwicklung erweisen.

Der gleiche Grundsatz ist zu beachten, wenn man beabsichtigt, eine Ehe einzugehen. Mit diesem Schritt beeinflußt man nicht nur die Richtung seines eigenen Lebens und seiner eigenen Entwicklung, sondern zugleich die Zukunft eines anderen Menschen und meist auch die von Kindern. Allein die Tatsache, daß die Partner sich „lieben", ist keine Basis für eine gute Ehe. Auch hier darf man sich nicht von Emotionen und Wünschen überwältigen lassen, sondern sollte bedenken, daß man durch eine zu frühe oder falsche Ehe die seelische Fortentwicklung behindert. Weitere Ausführungen zu dieser Frage und Beispiele finden sich in meiner Schrift „Eheprobleme".

Die meisten anderen Schlüsselentscheidungen haben mit bestimmten wichtigen Entscheidungen zu tun, die einen neuen Lebensabschnitt „aufschließen" oder sogar eine Wende in der Lebensrichtung herbeiführen. Einen sehr mutigen Entschluß fordert es z. B., eine ernste oder lebensbedrohende Krankheit nicht nur passiv oder symptomatisch durch Operation, Spritzen, Bestrahlungen und ähnliches behandeln zu lassen, sondern nach ihrer Ursache zu forschen und diese selbst aktiv bearbeiten zu wollen. Hier muß man begreifen, daß Krankheit als ein Werkzeug Gottes angesehen werden muß. Jede Art von körperlichem Leiden findet seinen Sinn in der Tatsache, daß es eine Hilfe zur seelischen Entwicklung darstellt. Den Schlüssel zu einer körperlichen oder seelischen Krise findet man immer in einer tieferen, meist verborgenen Ursache. Nur wenn diese aufgedeckt wird und sich der Kranke ehrlich bemüht, die Störung persönlich zu bearbeiten, kann eine Heilung von Dauer zustande kommen.

Richtige Entscheidungen fügen sich ganz harmonisch in den Fluß der Universalenergie ein, es gibt keine Hemmungen, keine Probleme. „Alles fließt", sagte der griechische Philosoph Heraklit (etwa 500 v. Chr.). Anders ausgedrückt: „Alles läuft gut".

Bei allen Entscheidungen sollte man immer langfristig denken und niemals den tiefen Sinn der Lebensschule hier auf Erden übersehen — nämlich die Entwicklung der Persönlichkeit.

Warnungen als Hilfe

Wie schon oben erwähnt, sehen die meisten Menschen die wichtigen Ereignisse um sich herum als „Glückssträhne" oder „Pechsträhne", als zufällige Begebenheiten. Diese „Zu-Fälle" stellen die verborgene Hilfe Gottes und der Naturgesetze dar, die wir erkennen und als „Entwicklungshilfe" nutzen sollen. Ein Beispiel erläutert diese Überlegung:
Eine Frau, die sich nicht ausgelastet fühlt, möchte sich beruflich verändern. Sie hat aber vor dem Vorstellungsgespräch bei der neuen Firma eine Reifenpanne am Wagen. Trotz der Verspätung bei diesem wichtigen Termin bekommt sie die Stelle und beginnt am neuen Arbeitsplatz. Aber schon nach kurzer Tätigkeit dort treten Depressionen, begleitet von Angstzuständen, auf. Ohne die Naturgesetze genauer zu kennen, sieht man in der Reifenpanne sicherlich nur ein zufälliges Pech. Aber die Depressionen als Warnungen wurden dann doch beachtet und die Frau suchte Hilfe. Erst nachdem ich ihr die Wirkungsweise der Universalgesetze im Zusammenhang mit ihrem Beruf erklärt hatte, sah sie plötzlich klar. Sie arbeitete in einem Geschäft, in dem vorwiegend Rauchwaren und harte Spirituosen verkauft wurden, die der menschlichen Gesundheit schaden. Also wechselte die Verkäuferin auf meinen Rat hin erneut die Stelle und fand eine Firma, in der man nichts Negatives verkaufte. Nach kurzer Zeit wurde sie vollkommen gesund.
Durch Warnungen erhält man die beste Hilfe, um nicht in eine Richtung zu gehen, die der seelischen Entwicklung

und daher auch der Gesundheit schaden könnte. Wer sich auf das Wesentliche konzentriert und bewußt lebt, kann die Zeichen und Warnungen nicht nur oberflächlich bemerken, sondern auch lernen, sie zu deuten. Die meisten Menschen gehen mehr oder weniger unaufmerksam, oft wie mit Scheuklappen, durch das Leben; sie sehen zwar, aber sie nehmen nichts wirklich bewußt wahr. Es ist ein Zeichen von Intelligenz bzw. Intelligenzschulung, wenn man die Geschehnisse des Tages in Beziehung zu den eigenen Plänen und Verhaltensweisen bringt. Will man jedoch auf Gedeih und Verderb seinen Willen durchsetzen und ist blind für die die jeweilige Situation begleitenden Ereignisse, so bleiben Warnungen und Hinweise ungenutzt und es kommt zu Problemen. Das unterstreicht folgender Fall sehr einleuchtend:

Eine Frau, die in zweiter Ehe mit einem Alkoholiker verheiratet ist und aus erster Ehe zwei Kinder hat, will unbedingt in dieser zweiten Ehe auch noch ein Kind. Es kam eine Fehlgeburt, dann noch eine Fehlgeburt — schließlich waren es drei Warnungen in Form von Fehlgeburten! „Endlich" gebar sie ein Kind; dieses ist jedoch geistig behindert. Warnungen, in einer derartigen Ehe keine Kinder mehr zu haben, hatte es genug gegeben, aber sie wurden nie als solche erkannt und so auch nicht beachtet. Die Folgen der begangenen Fehler (hier ein behindertes Kind) hat man dann zu tragen.

Besonders vor Schlüsselentscheidungen von wirklich großer Bedeutung kann man interessante Formen der Warnungen beobachten. Beabsichtigt man, eine falsche Ehe zu schließen, die dem Ehepartner und auch den späteren Kindern viele Probleme bescheren würde, passiert beispielsweise Folgendes:

Ein Unfall kurz vor dem Hochzeitstag, ein verbranntes Brautkleid, eine bestellte Hochzeitskutsche trifft nicht rechtzeitig ein, vergessene Dokumente für das Standesamt, eine ins Schloß gefallene Kirchentür beim Eintreffen der Brautleute. Das alles sollten Hinweise Gottes sein, das geplante Vorhaben noch einmal gut zu überprüfen ohne Rücksicht darauf, was die Familie und ,,die Leute'' sagen!

Warnungen dürfen niemals als lästige Störungen des friedlichen Alltags angesehen werden, denn sie dienen tatsächlich nur dazu, uns vor seelischem und gesundheitlichem Abstieg und damit vor noch größeren Problemen zu bewahren.

Bewältigung von Problemen und Bearbeitung von persönlichen Schwächen

Um seine Persönlichkeit positiv weiter entwickeln zu können, sollte man zunächst einmal ehrlich versuchen, die Stärken und Schwächen des eigenen Charakters und die persönliche Umweltsituation zu erkennen und zu durchleuchten. Mit anderen Worten heißt das, ich muß zuerst meinen Standort genau bestimmen, bevor ich weitergehen und den Weg zum Ziel einschlagen kann. Hierbei muß ich zu mir selbst ehrlich sein. Ich darf Verstandsargumente oder Ausreden nicht zum Zuge kommen lassen, denn nur die schonungslose Analyse verhilft zur richtigen und brauchbaren Einschätzung meiner Situation. Stelle ich fest, daß ich mit dem bisherigen Kurs das Ziel verfehle, so muß ich mich in anderer Richtung fortbewegen.

Verändern, insbesondere verbessern lassen sich einmal die Schwachpunkte in meinen Charaktereigenschaften; zum anderen kann es auch notwendig sein, daß meine Umweltsituation für mich nicht mehr die richtige Entwicklungsbasis darstellt. Dann sollte ich einen anderen Arbeitsplatz suchen oder überlegen, auf welche Weise sich die Probleme mit oder innerhalb der Familie besser lösen lassen. In jedem Fall muß ich grundsätzlich meine eigenen Schwächen bearbeiten; denn ich kann mich ändern, wenn ich es will, aber ich kann nicht andere Menschen ändern, wenn sie es nicht wollen. Immer profitiert auch die Umwelt davon, wenn ich mich positiv entwickle bzw. verbessere.

Gelangt man zu der Einsicht, daß die bisherige Verhaltensweise korrigiert werden muß, so beginnt man am besten am Fundament, d.h. man überarbeitet die gesundheitlichen Lebensweisen. Die Gewohnheit, früh ins Bett zu gehen und dabei nach Selbstdisziplin zu streben, unterstützt die Regeneration des Körpers positiv. Das Festhalten an Gewohnheiten im negativen Sinn bedeutet immer ein Beharren in entwicklungshemmender Verhaltensweise, ein Erstarren der Persönlichkeit und mangelnde Flexibilität. Flexibel sein oder bleiben heißt, sich den veränderten äußeren oder inneren Umständen anzupassen, wenn diese positiv sind. Erweisen sie sich als negativ, so muß die Situation verändert werden, damit die Richtung wieder stimmt. Dabei gilt es oft, die möglicherweise vorhandene Eigenschaft ,,Sturheit'' abzubauen und am besten ganz zu überwinden. Hinderliche Gewohnheiten müssen einfach abgelegt werden wie alte Kleidungsstücke. Hat man das Problem endlich klar erkannt, darf man den schwierigen Schritt nach vorne wagen: Nach dem Erkennen muß man darangehen, einen Plan für die Verbesserung auszuarbeiten und dann sein Vorhaben durchzuführen.

Dieser schwerste Schritt der Durchführung kann nur gelingen, wenn sich zu der erforderlichen Ehrlichkeit der notwendige Mut gesellt, denn nur wenn diese beiden Charaktereigenschaften ein gewisses Niveau erreicht haben, wird es auf die Dauer gelingen, erfolgreich zu sein. Wichtig ist dabei, daß man Selbstdisziplin und Durchhaltevermögen in seinem Verhalten zeigt, denn Aufgeben bedeutet praktisch ein Sich-selbst-aufgeben-wollen, was auf lange Sicht gesehen einer Art Selbstzerstörung gleichkommt.

Bemühen sollte man sich auch um das Erreichen einer seelischen Stärke von größter Wichtigkeit und Bedeutung: Gott vertrauen oder sich keine Sorgen machen! Da ja Sorgen das Negative anziehen, sollte man hart daran arbeiten, sie niemals erst richtig aufkommen zu lassen und nicht zu grübeln. Weitere Ausführungen hierzu siehe das Kapitel „Denkanstöße, Wünsche und positive Neugierde".

Wenn man sich zur Veränderung seines Lebens in die positive Richtung entschlossen hat, sollte man bei der nötigen Planung und Durchführung seines Vorhabens daran denken, daß „Rom auch nicht an einem Tag erbaut worden ist". Man sollte also nichts überstürzen, einen Schritt nach dem anderen tun und sich für jeden Schritt genügend Zeit lassen. Langfristig gesehen garantieren kleine Schritte in die neue Richtung eher einen Fortschritt als wenn man gleich große versucht und sich dabei übernimmt. Dann bringt man nämlich gar nichts zustande, weil das Nervensystem überbeansprucht wird. Hier gilt das kluge Wort: „Weniger ist mehr!"

Denkanstöße, Wünsche, positive Neugierde

Jetzt soll aufgezeigt werden, welche Hilfen uns durch Gott zur Lösung unserer Aufgaben gewährt werden.

In erster Linie sind dies die sogenannten *Denkanstöße* in Form von Gedankenblitzen, die uns an etwas erinnern, auf etwas aufmerksam machen oder vor etwas warnen sollen. Diese haben nichts mit den normalen Denkvorgängen des menschlichen Gehirns zu tun, sondern sind als ,,Eingebungen'' des Schöpfers zu verstehen.

Wir müssen diese Hinweise Gottes mit wachen Augen erkennen und befolgen. Nur wenn wir aufmerksam Seine Fingerzeige beachten, können wir sie für die Planung des Tages und der Zukunft nützen. Seine Denkanstöße sind von großer Bedeutung für unsere Weiterentwicklung wie auch dafür, das Auftreten von größeren Problemen zu verhindern bzw. dem vorzubeugen.

Wie die Erfahrung zeigt, erhält jeder Mensch eine große Anzahl von Denkanstößen, durchschnittlich 120 pro Tag. Sie lassen sich im großen und ganzen in zwei Kategorien aufteilen:

a) Denkanstöße als Belohnungen in Form von Erinnerungen, Aufmerksammachen oder Warnungen

b) Denkanstöße als Prüfungen in Form von Sorgen

Denkanstöße als Belohnung erinnern uns z. B. daran, daß wir noch bewußter und vorsichtiger unseren Tag durchlaufen sollten. Folgende Beispiele erläutern diese Denkanstöße:

Man erinnert sich plötzlich, daß man jemanden heute anrufen sollte (Denkanstoß: Erinnerung). Oder man ist beim Wandern so ins Gespräch vertieft, daß man den Stein oder Ast am Boden nicht bemerkt und stolpert (Denkanstoß: Aufmerksam-machen, konzentrierter zu sein). Oder auch beim Autofahren gibt es unzählige Denkanstöße, vor allem in Form von Warnungen. Beispielsweise quietschen die Reifen, wenn man zu schnell in eine Kurve fährt, oder man erlebt eine gefährlich lähmende Schrecksekunde, wenn man beim Überholen feststellt, daß man zu knapp kalkuliert hat und die Gegenbahn nicht mehr frei ist.

Solche Denkanstöße bedeuten Belohnung für gute Planung oder Hilfen, die besagen, daß man bewußter sein und sorgfältiger seine Vorhaben überdenken sollte.

Die Denkanstöße müssen vom Menschen zuerst bemerkt bzw. erkannt, dann zu Ende gedacht und schließlich prompt in die Tat umgesetzt oder zumindest notiert werden. Sonst sind sie schnell entschwunden und vergessen — ein zweites Mal werden sie in der Regel nicht gegeben.

Die zweite Art von Denkanstößen, die man in Form von Sorgen erhält, es sind ungefähr 50 von den täglichen 120, stellen eine Überprüfung der menschlichen Verhaltensweisen durch den Schöpfer dar. Man wird gezwungen zu überprüfen, ob man seine Zeit zu sehr mit Sich-Sorgen-machen vergeudet. Dies führt nämlich zu Energieverlust und zieht noch mehr Sorgen an. Vor allem haben Sorgen eine Tendenz, sich dann später zu verwirklichen.

Hierzu ein Beispiel: Ein junger Angestellter sorgt sich dauernd darum, ob er den Anforderungen der Firma oder seines Vorgesetzten entspricht. Diese Denkart („sich Sorgen machen") führt immer zu starkem Energieverlust und zu großer Unsicherheit; denn sie beschwört Fehler und Mißerfolge geradezu herauf.

Man sollte sich aus dem klebrigen Spinnennetz der Sorgen befreien. Dies gelingt am besten, wenn man sich vornimmt, im Vertrauen auf Gott und seine eigenen Fähigkeiten mutig und konzentriert die sich stellenden Aufgaben anzupacken. Dieser erste mutige Schritt ist der schwerste, weil er eine Wende bedeutet. Die Fehler von gestern dürfen getrost vergessen werden, denn sie belasten wie Zentner-Gewichte und hemmen die Schritte nach vorwärts. Nur darf man hier nicht mit dem Kopf durch die Wand stürmen. Nicht ich will, sondern der liebe Gott will. Er hat den besseren Überblick und weiß, was auf längere Sicht für mich besser ist. Durch die von Ihm gegebenen Denkanstöße hilft Er bei der Bewältigung der von mir angepackten Aufgabe. Demütiges Vertrauen auf Gott und die eigenen Fähigkeiten schenkt Erfolg und führt zu einem harmonischen Zusammenleben mit den Mitmenschen.

Wünsche sind die wichtigsten Anfangsschritte zur seelischen Verbesserung bzw. zur Bearbeitung der Charakterschwächen. Jede geistig-seelische Weiterbildung beginnt mit einem Wunsch, der sich zu einem gezielten Wunsch, dem Willen, verstärken muß, soll er zum Erfolg führen. Wenn man den starken Wunsch hat, sich zu verbessern, so gibt Gott sofort zusätzliche Energiehilfe. Gott hat seine eigenen Lehrmethoden, und man erhält gewiß zahlreiche Gelegenheiten, sich z. B. im Vergeben zu üben, wenn man diese Schwäche tatsächlich überwinden will.

Wir Menschen erkennen dieses von Gott ermöglichte und veranlaßte Training zur Überwindung einer Charakterschwäche nur ganz langsam als solches und wundern uns zunächst darüber, was uns alles „an Bösem widerfährt". In der Lebensschule erhalten wir erhöhte Gelegenheit zum Besserwerden durch mehr Übung, die Schwächen abzubauen. Solche zusätzlichen Übungen sind oft nicht leicht durchzustehen, aber sie führen uns auf die notwendige steinige Straße, auf der es wunschgemäß Schritt für Schritt langsam vorangeht.

Wenn wir uns nur bemühen, sind wir unter Gottes Schutz. Unter Schutz stehen heißt, daß ganz extrem negative Ereignisse keinen Einfluß auf uns gewinnen, ja uns nicht einmal berühren und nicht schaden können. Allerdings fallen materielle Wünsche wie die nach Geld, Reichtum oder Macht nicht unter Gottes Schutz.

Man sollte bedenken, daß auf törichte Wünsche oft eine grausame Strafe wartet, nämlich deren Erfüllung. Diese wird dann als Ärgernis empfunden. So müssen wir immer überprüfen, ob unsere Wünsche und unsere Zielvorstellungen mit denen Gottes übereinstimmen.

Die *positive Neugierde* ist ein ganz wirkungsvoller Weg, um seine Intelligenz zu verbessern. Aber auch zusätzliche Einheiten von Regenerationsenergie sind dafür die Belohnung. Positive Neugierde ist all das, was einem hilft, eine Arbeit rationeller abzuwickeln oder sogar ein neues System der Abwicklung herauszufinden. Auch bei Kleinigkeiten, wie dem Bemühen um das Kennenlernen der technischen Funktionen eines neuen Gerätes, ist positive Neugierde angebracht. Man sollte versuchen, in den täglichen Ereignissen die Zusammenhänge in bezug auf Ursache und Wirkung zu beobachten und zu erkennen. Man erzieht sich damit zur Aufmerksamkeit, macht das Leben interessanter und hat es leichter, selbst weniger Fehler zu machen.

Positive Neugierde unterstützt auch im hohen Maße die Verbesserung und Weiterentwicklung von Talenten, denn auf jedem Gebiet — seien es eine künstlerische Veranlagung, wirtschaftliche Interessen oder auch das Wissen um handwerkliche technische Zusammenhänge — gibt es bessere und rationellere Wege, eine Tätigkeit auszuführen.

Dabei ist Konzentration unerläßlich. Sie ist nicht nur eine Hilfe zur Abwicklung des Vorganges, sondern hebt die vorher als langweilig angesehenen Tätigkeiten in die Sphäre der interessanten Aufgaben.

Gefühle und ihre Bedeutung

Gefühle lassen sich in ihrer Wirkungsweise nicht klar unterscheiden, da sie subjektiv sind, das heißt, jeder Mensch erlebt auf seine ganz spezielle Art und Weise gewisse Stimmungen. So gibt es auch zahlreiche Theorien über die Entstehung und das Wesen der Gefühle, aber es ist nicht die Aufgabe dieses Buches, solche Ansichten im einzelnen zu durchleuchten. Es soll genügen, hier festzustellen, daß eine planmäßige Analyse und Beobachtung der Gefühle dazu dienen kann, die eigenen Schwächen zu erkennen. Dies wiederum ist eine wichtige Voraussetzung, um die Ziele zu erreichen, die wir uns setzen.

Alle Arten von Gefühlen kommen von Gott und werden bewußt oder unbewußt in ihrer Intensität, Dauer und Art unterschiedlich von den Menschen empfunden.

Was die *Intensität* anbetrifft, so wird sie verschieden stark wahrgenommen. Gott bestimmt das Maß! Manche Gefühle sind so schwach, daß sie kaum ins Bewußtsein gelangen. Die Stärke (Intensität) der Gefühle, die in vielen Abstufungen zwischen großen Glücksgefühlen auf der einen und tiefster Depression auf der anderen Seite schwanken kann, ist ein hervorragender Maßstab für die Richtigkeit des eigenen Verhaltens.

Auch die *Dauer* eines Gefühls steht in engem Zusammenhang mit unserem Verhalten und unseren Entscheidungen. Beständige Glücksgefühle über längere Zeit gibt es selten. Die Gefühle sind oft schwankend, denn das menschliche Denken und Handeln vollzieht sich meistens in einem Auf und Ab. Depressionen oder Stimmungstiefen können oft verhältnismäßig rasch abgebaut werden, wenn auch nur ein einziger richtiger Entschluß gefaßt wird.

Dauer und Intensität der positiven Gefühle hängen als Teile eines Ganzen sowohl von der Entwicklungsstufe als auch von wichtigen richtig getroffenen Entscheidungen ab. Umgekehrt besteht natürlich ebenso ein Zusammenhang zwischen falsch getroffenen Entscheidungen und negativen Gefühlen.

Jede *Art* von Gefühlen hat eine ganz bestimmte Bedeutung; man sollte sich deshalb täglich bemühen, seine Gefühle genau zu beobachten und sich Rechenschaft darüber zu geben. Gefühle sind also ein Mittel, sein eigenes Verhalten zu überprüfen. *Positive Gefühle oder Gefühle des Glücks* bekommt man als Belohnung für richtige Entscheidungen.

Hat man beispielsweise nach längerem Ringen mit sich selbst eingesehen, daß eine bestimmte berufliche Tätigkeit, die gewisse finanzielle Verlockungen mit sich bringt, nicht richtig ist und diese aufgegeben, so erhält man als Belohnung für solche Einsicht und als Bestätigung für die richtige Entscheidung bzw. den Verzicht ein Gefühl von Glück und großer Zufriedenheit. Man sollte vor allem solche positiven Gefühle nicht übersehen und wenigstens registrieren, denn unsere positiven Erfahrungen verdienen wirklich größere Beachtung; aber leider reagieren die meisten Menschen mehr auf die Folgen ihrer Fehler und lernen nachhaltiger durch diese.

Auch freundschaftliche Begegnungen mit anderen Menschen, die in weitgehender geistiger Harmonie stattfinden, rufen oft Glücksgefühle hervor. Hinterher erscheint häufig die ganze Welt in positives, sonniges Licht getaucht, man fühlt sich froh und energiegeladen.

Bestimmte Gefühle beherrschen den Menschen auch, wenn er mit anderen Leuten erstmals zusammentrifft. Es treten Gefühle von Sympathie oder Antipathie auf, die man kaum realistisch erklären kann. Wenn diese richtig erkannt und gedeutet werden, sind sie eine wichtige Hilfe, um den Gesprächspartner richtig einschätzen und das eigene Verhalten danach ausrichten zu können.

Negative Gefühle bedeuten oft eine Warnung vor einer falschen Entscheidung. Wenn sie auftreten, sollte man sich bemühen, sie deutlich zu analysieren und sich fragen, warum man unruhig ist oder sich alarmiert fühlt. Häufig eilt das Gefühl als Hinweis Gottes dem eigenen Verstand voraus, der aber meist die ersten Empfindungen später bestätigt. Die Intensität eines solchen Gefühls hängt mit der Bedeutung der Entscheidung zusammen. Also fordern sogenannte Schlüsselentscheidungen besonders lebhafte positive oder negative Gefühle heraus. Hier sollte ein warnendes Gefühl beachtet werden, wenn man in Begriff ist, eine berufliche Veränderung vorzunehmen oder eine eheliche Bindung einzugehen.

Aber auch eine sogenannte „Euphorie", ein übertriebenes Glücksgefühl, kann eine Warnung sein. In diesem Fall muß man abwarten, bis man wieder auf den sicheren Boden der Tatsachen zurückkehren und besser nachdenken kann. So sollten ungute Gefühle stets als rotes Warnsignal betrachtet werden. Das gilt besonders dann, wenn man Menschen kennenlernt, zu denen man sich gleich hingezogen fühlt und die als mögliche Freunde in Betracht kommen.

Man sollte unterschwellige Äußerungen des anderen, Ereignisse während des Gesprächs und vor allem die Entwicklung eigener Gefühle genau beobachten. Manchmal entstehen unbehagliche und scheinbar unbegründete

Angstgefühle, die aber nicht wie bei neurotischer Angst auf lange Perioden von falschen Mutentscheidungen zurückzuführen sind (vgl. Schrift „Ängste und Angstneurosen"), sondern die unüberschaubare Befürchtungen wachrufen, sich in eine ganz spezifische Situation hineinziehen zu lassen. Solche Angst-Warnungen treten z. B. häufig vor einer falschen Berufswahl oder auch vor einer falschen Ehe auf, werden aber meistens nicht beachtet. Erst im Rückblick erkennt man solche Begebenheiten als unbeachtete Warnung vor dem vollzogenen, aber inzwischen bereuten Schritt.

In alten Zeiten nannte man dieses Gefühl der Warnung auch „Vorahnung". Frauen sind naturgemäß gefühlsbetonter veranlagt, so daß sie Warnungen durch Gefühl oft leichter erkennen als Männer. Letztere urteilen rein verstandesmäßig, wobei sie auf die regulierende Hilfe des Gefühls verzichten. Während nüchternes Denken bei technischen Tatsachen durchaus zum Ziele führen kann, lassen sich schwerwiegende zwischenmenschliche Probleme durch den Gebrauch des Verstandes allein meist nicht lösen. Erst das Miteinander von Verstand und Gefühlsanalyse macht es möglich, den richtigen Weg zu finden oder eine richtige Entscheidung zu treffen. Dabei muß die Intuition oder die innere Stimme beachtet und gehört werden. (Siehe Kapitel „Intuition").

Oft haben bestimmte Gefühle für den Menschen die Bedeutung einer Prüfung. *Gefühle als Prüfungen* lassen sich besonders schwer als solche erkennen oder einordnen. Das häufigste und gefährlichste Gefühl dieses Bereiches ist das der neurotischen Liebe. Dabei ist man „bis über beide Ohren verliebt" und kann und will an nichts anderes mehr denken. Diese verzauberte Hochstimmung der Gefühle kann jedoch nie von Dauer sein, da sie keine echten Glücksgefühle sind. Zu dem berauschenden Gefühl des

Emporgehobenseins über andere Mitmenschen kommt zugleich die Angst vor dem Verlust seines Idols, verbunden mit Eifersucht und der unterschwelligen Furcht, daß der augenblickliche Zustand gestört werden könnte. Das alles ist einer echten geistigen Liebe fremd. Wie später beschrieben, wird die wahre geistige Liebe getragen von gegenseitigem tiefen Verständnis, Ruhe, Harmonie und dem Wissen um ein beständiges Glück. Hektische, neurotische Liebesempfindungen aber bringen kaum gute Glücksgefühle, weil sie überwiegend auf die körperliche Anziehungskraft ausgerichtet sind.

Gefühle als Prüfungen können auch in Form von Reizen oder Lust kommen, etwas Ungesundes essen oder trinken zu wollen. Es sind Prüfungen und Entscheidungen, die die Selbstdisziplin als wichtigen Baustein der heranreifenden Persönlichkeit herausfordern und entwickeln helfen. So müssen diese Prüfungen für unsere Gefühle öfters auf uns zukommen wie Meilensteine am Weg, damit wir uns bewußt Rechenschaft über sie geben und lernen, falsche Gefühle von richtigen zu unterscheiden und schließlich durch Entsagen unsere Selbstdisziplin zu stärken und auszubauen.

Auch Gefühle von Sorgen (siehe ,,Denkanstöße'') erscheinen immer wieder als notwendige Prüfung. Sie sollen dazu verhelfen, mehr Vertrauen zu sich selbst und zu Gott zu entwickeln.

Wie schon am Anfang des Kapitels kurz erwähnt, kann man durch die Beachtung und Analyse seiner *Gefühle die eigenen Schwächen besser erkennen.*

So zeigen Angstgefühle an, daß wir unsere Mutprobleme besser bearbeiten sollten, Ärger und Gekränkt-sein besagt, daß Probleme im Bereich Vergeben vorhanden sind. Auf mangelndes Vergeben-können deutet auch das Auftreten von Gefühlen der Eifersucht hin. Alle diese negativen Gefühle und noch viele andere, die belasten und Sorgen bereiten, haben die Tendenz, sich auszubreiten und bringen oft neue Sorgen und Probleme mit sich, wenn man ihnen zu sehr nachgibt. Stattdessen muß man gegensteuern und sich mit der entsprechenden eigenen Schwäche näher beschäftigen. Hierbei kann uns die Beobachtung unserer Mitmenschen und ihres Verhaltens weiterbringen. Dabei sollte folgender Grundsatz beachtet werden: *Alles das, was uns an unseren Mitmenschen stört, hat mit eigenen Charakterschwächen zu tun.* Man sollte daher froh sein, entdeckt zu haben, was einen am Mitmenschen stört und dann diese Störung auf sich selbst beziehen. Es ist deshalb falsch, einer anderen Person wegen eines bestimmten Fehlers Vorwürfe zu machen, denn die Menschen unserer Umwelt haben nach dem Universalgesetz neben anderem auch die Aufgabe, unsere eigenen Schwächen durch die Spiegelbildwirkung aufdecken zu helfen. Das gilt auch besonders für die eigenen Kinder, denn sie übernehmen unsere Verhaltensweisen bewußt oder unbewußt und zeigen uns so ständig unser Spiegelbild.

Der Wunsch, eine bejahende Lebenseinstellung zu finden und positive Gefühle zu erleben, unterstützt die seelische Weiterentwicklung. Das Gefühl der Freude bringt Energie und Lebenskraft. Daher sollte man die täglichen Prüfungen und kleinen Probleme der Lebensschule mit Freude entgegennehmen und nicht gleich immer in ein Stimmungstief verfallen. Gelingt es sogar, Gott für ein „Mißgeschick" einsichtig ein Dankeschön sagen zu können, so darf man annehmen, daß man in seiner seelischen Entwicklung eine wichtige Hürde genommen hat, d.h. dem Ziel der Vollkommenheit näher gerückt ist.

Die Gefühle von Mitleid und Pflicht stellen vor allem bei Frauen ein großes Problem dar. Hierzu nachstehendes

Beispiel: Eine Mutter versucht auf ihre Weise dem Sohn, der unter der Charakterschwäche der Mutlosigkeit leidet und sehr gehemmt ist, zu „helfen" und räumt ihm alle Probleme aus dem Weg. Wann immer der Sohn sich ängstlich zeigt, erledigt die Mutter die Angelegenheit für ihn. So steigert sich die Mutlosigkeit des Kindes im Laufe der Jahre immer mehr, und auch als Erwachsener konnte der Sohn dann nicht ohne seine Mutter auskommen. Die negativen Folgen zeigten sich im Beruf, da er dort ohne den mütterlichen Beistand zurechtkommen mußte. Er war für das Berufsleben gänzlich unbrauchbar. Charakterlich wurde das Mutproblem des jungen Mannes immer weiter verstärkt durch das unangebrachte Mitleid der Mutter und deren falsch verstandene „Pflichtauffassung". Die Mutter hatte jahrelang die seelische Entwicklung ihres Sohnes durch ihr Verhalten empfindlich gestört und ihm letzten Endes nicht genutzt, sondern erheblich geschadet.

Ähnliche Fälle gibt es auch in Ehen, in denen oft ein Ehepartner dem anderen „vieles abnehmen" will, was dieser nicht gern tut. Damit wird jedoch dessen einschlägige Charakterschwäche immer mehr verstärkt.

Gefühlen des Mitleids begegnet man häufig in der Form des „Für-einen-anderen-mit-leiden-Wollens". Ein Mitleiden kann nicht die richtige Art von Hilfe sein, denn wenn man sich in den Schmerz des Mitleidens „fallen" läßt, ist man nicht mehr sachlich, so daß der notwendige Denkprozeß in diesem Fall durch das Gefühl beeinflußt und gestört wird. Der Schlüssel zum Verständnis dieses Problems liegt aber in Folgendem, so hart und bitter es auch zunächst klingt: *Leiden und Probleme sind die besten Lehrmethoden für die Menschen auf dieser Erde!* Die meisten Menschen beginnen erst aufzuwachen, wenn der Leidensdruck stark genug ist. Dann erst denken sie über das „Warum" nach und begreifen vielleicht, was sie falsch gemacht haben.

So stellt sich die Frage, ob man berechtigt ist, den Lernprozeß in Form von Leid und Schmerz, den Gott einem anderen Menschen verordnet hat, durch eigenes Dazwischentreten zu stören oder gar zu unterbinden. Ist man berechtigt, in die Therapie Gottes, die dem Betroffenen eine dauerhafte Hilfe verspricht, in irgendeiner Form einzugreifen? Nach meiner Auffassung ist diese Frage in jedem Fall zu verneinen.

Damit beantwortet sich auch die Frage nach dem Mitleid, dem Mit-leiden und der Statthaftigkeit von Hilfe für einen anderen Menschen. Der Betroffene kann sich nämlich nur dadurch seelisch weiterentwickeln, daß er seine eigenen ihm vom Schöpfer geschickten und gestellten Probleme (auch Leiden) selbst und nach von ihm getroffenen Entscheidungen bewältigt. Jemand, der für ihn „mit-leidet", kann dabei kaum von Nutzen sein.

Auch Hilfeleistungen durch andere Menschen, mögen sie noch so wohlgemeint gedacht sein, haben nur dann eine Berechtigung, wenn sie eine Anweisung geben, wie der Leidende sein Problem anpacken und bewältigen könnte und wenn sie von ihm gewünscht werden. Dabei ist zu beachten, daß stets die Ursache des Leidens herausgefunden werden sollte (notfalls mit Hilfe fachkundiger Beratung) und ein bloßes Behandeln von Symptomen keinen Erfolg verspricht.

Vom Naturgesetz ist nur die „Hilfe zur Selbsthilfe" erlaubt, d.h. man darf dem Betroffenen auf dessen Wunsch hin eine geeignete Anleitung zur Überwindung seiner Probleme geben. Aber handeln darf man nicht für ihn, das muß er selbst tun. Er muß die entsprechenden Entscheidungen treffen und notfalls die erforderlichen Veränderungen in seinem Leben durchführen. Wenn die richtigen Entschlüsse gefaßt und auch in die Tat umgesetzt werden, darf eine baldige Minderung des Leidens und schließlich dessen völliges Verschwinden erwartet werden.

Vermeiden von Kummer, Sorgen und schlaflosen Nächten

Für manche trägt dieses Kapitel eine seltsame Überschrift, denn Kummer und Sorgen sehen viele Menschen als etwas Gegebenes oder Unvermeidliches an; also als etwas, was auf jeden Menschen in irgendeiner unkontrollierbaren Weise zukommt, sodaß damit verbundene Belastungen eben getragen und verkraftet werden müssen. Dieser Ansicht muß jedoch widersprochen werden, denn sowohl das Auftreten von Kummer, Sorgen und Schlaflosigkeit als auch dessen Häufigkeit läßt sich durchaus durch entsprechendes Verhalten beeinflussen. Es gilt also vor allem zu erläutern, wie wir negativen Geschehnissen in diesem Bereich vorbeugen können. Ganz gefeit gegen Kummer und Sorgen wird man kaum jemals sein, da diese ja die Folge unserer Verhaltensfehler sind. Daher gilt es, die Zahl solcher Verhaltensfehler zu verringern.

Hierzu sollte man versuchen, sich auf das Wesentliche des Tages zu konzentrieren und bewußt die Probleme anzupacken, die der Schöpfer uns zusendet. Aber es ist auch wichtig, die Schwierigkeiten rasch hinter sich zu bringen, damit man sein Nervensystem nicht unnötig belastet. Mei stens erkennt man eine Prüfung erst dann als solche, wenn man sich bereits falsch entschieden hat. Entscheidungen sollte man nicht spontan fällen, sondern vorher die Tatsachen gründlich überprüfen. Durch sorgfältiges Überlegen und Abwägen vor der Entscheidung kann man das Entstehen vieler Schwierigkeiten, die als Folge unüberlegten Handelns auftreten, vermeiden.

Unter Sorgen versteht man die schon weiter oben erwähnten sogenannten negativen Denkanstöße oder Prüfungen im Vertrauen zu Gott oder zu sich selbst. Da Sorgen weitere Fehler und Probleme wie im Schlepptau nach sich ziehen, ist langgeübte Selbstdisziplin ein gutes Mittel, um aufkeimende Sorgen und Zweifel abzuschütteln.

Wenn Sorgen beim Einschlafen oder als Schlafunterbrechung während der Nacht aufkommen, so empfiehlt es sich, das Problem nachts bewußt *nicht* zu bearbeiten und mehrmals zu versuchen, von den quälenden Gedanken loszukommen. Dabei kann man sich immer wieder wörtlich sagen: ,,Jetzt möchte ich schlafen — morgen will ich das Problem lösen''! Dazu ist es sehr wichtig zu wissen, daß die in der Nacht gefundene Problemlösung sich später fast immer als schlechte oder falsche Lösung erweist, denn die Zeit zwischen 21.30 Uhr und 6 Uhr früh ist im allgemeinen die optimale Schlafenszeit und deshalb für klärende Gedankengänge nicht geeignet. In der Nacht regenerieren sich Nervensystem, Gehirn, Organe und Körperzellen am besten. Wird diese Zeit zum Nachdenken bzw. Grübeln benutzt, so fehlen dann am folgenden Tag die notwendigen Einheiten der Regenerationsenergie und die endgültige und richtige Lösung der Probleme wird erschwert.

Schlaflose Nächte sind sehr oft eine Folge von Fehlern des Vortages. Häufig hängen grübelnde Gedanken zusammen mit negativer Kritik, negativen Reden über andere, mit Schuldgefühlen, Ärger, Beleidigtsein, Abhängigkeitsproblemen oder Zeitverschwendung. Dann sollte man sich selbst die Fehler vergeben, nicht mehr darüber nachgrübeln und vor allem entspannt sein. Es führt ganz sicher auch nicht zum Ziel, das Einschlafen erzwingen zu wollen.

Wenn dagegen versucht wird, den schlaflosen Zustand zu genießen und sich über oder auf etwas zu freuen, so wird das Einschlummern eher gelingen. Allein durch positive Einstellung gewinnt man schon etwas Regenerationsenergie.

Ganz falsch wäre es, sich über die Schlaflosigkeit an sich aufzuregen, darüber zu jammern oder zu verzweifeln, sich gesundheitliche Sorgen oder Gedanken zu machen, denn dann kann man leicht in einen Teufelskreis von negativen Gedanken, Schlaflosigkeit, Energieverlust und Depressionen hineingeraten. Eine schlaflose Nacht sollte immer nur als Prüfung angesehen werden, aus der sich schließlich etwas Positives lernen läßt.

Die richtigen Werte erkennen — Bewältigung von Krisensituationen

Um Problemen vorzubeugen oder Krisensituationen zu bewältigen, muß man sich vor allen Dingen darum bemühen, die richtigen Werte im Leben zu erkennen. Auch sollte man lernen zu beurteilen, was im Moment einer Entscheidung gerade vorrangig oder wichtig ist. So verschwenden viele Menschen kostbare Zeit mit nichtigen Dingen, verlieren sich in Details und zugleich den großen Überblick aus dem Auge.

Was sind nun die richtigen Werte, wie gewinnt man einen Überblick? Um dieses klarzustellen, seien die wichtigsten Ziele für den Menschen hier noch einmal zusammengefaßt; auch auf die Gefahr hin, einiges zu wiederholen.

Das höchste Ziel ist die Vollkommenheit der Seele. Der einzige Weg dorthin ist die stetige Weiterentwicklung und Verbesserung. Diese kann nur erreicht werden, wenn die Zahl der richtig getroffenen Entscheidungen die der falsch getroffenen überwiegt, und zwar fortwährend das ganze Erdenleben lang.

Steht dieses Ziel klar vor dem geistigen Auge, ist es leicht, die Weichen für die wichtigsten Entscheidungen des Lebens — wie Berufswahl oder Ehe — richtig zu stellen. Die Richtschnur dabei sollte in jedem Fall die Möglichkeit für eine rasche seelische Weiterentwicklung sein.

Materielle Werte, wie Geld, Macht oder Einflußnahme, behindern diese und dürfen keine Rolle bei der Entscheidung spielen.

Wertvolle Hilfen auf dem Weg zum Ziel sind die systematische Entwicklung der Intelligenz, der Talente und der Charaktereigenschaften, deren Entwicklungstempo man selbst bestimmt. Schöpft man diese Entwicklungsmethoden nicht aus, so treten Warnungen in Form von Depressionen auf. Es ist unerläßlich, die Charaktereigenschaft des Mutes auszubilden und sich dann seines eigenen Wertes voll bewußt zu sein, denn wer nicht mutig genug ist, hat mangelndes Selbstvertrauen. Hieraus erwachsen dann vielfältige Probleme; man wird immer mehr unzufrieden mit sich selbst, so daß weiteren seelischen Leiden Tür und Tor geöffnet ist.

Umgekehrt führen zu hoch gesteckte Ziele und zu großer Ehrgeiz zu Streß-Situationen. Man fühlt sich dauernd überfordert und bricht irgendwann nervlich und gesundheitlich zusammen. Viele Herzinfarkte entstehen als Folge von Überforderung durch dauernde Anstrengung, unerreichbare Ziele doch erlangen zu wollen. Allerdings kann sich ein Herzinfarkt auch aus der Charakterschwäche des Ärgers entwickeln; aber das streberische Emporklimmen der Erfolgsleiter um jeden Preis und ein häufiger handfester Ärger treten ohnehin meist zusammen auf.

Am besten werden Fehler auf diesem Gebiet vermieden, wenn man vor seinen Entscheidungen alle Argumente sorgsam überprüft. Hat man mit seinem Entschluß doch nicht ins Schwarze getroffen, so sollte man mutig und flexibel genug sein, eine Korrektur des eingeschlagenen Weges vorzunehmen. Sturheit und mangelnde Flexibilität sind der ärgste Hemmschuh, sich aus einer Krisensituation zu befreien. „Ein Ast, der sich nicht biegen kann, wird gebrochen", sagt ein bekanntes Sprichtwort.

Für die meisten Frauen ist es besonders schwer, die richtigen Werte zu erkennen und abzuschätzen, was gerade jetzt am wichtigsten ist. Der Grund dafür ist, daß sie sich jahrhundertelang häufig mit Kleinigkeiten und deren Problemlösung zufriedengeben mußten. Aber auch an die weibliche Seele werden auf dem Wege zur seelischen Entwicklung immer größere Anforderungen gestellt, sie müssen lernen und üben, rasch und sicher mit „Feldherrenblick" das Wesentliche einer Situation zu erkennen. Auch bei alltäglichen Entscheidungen sollte man flexibel sein und sich nicht für das Wäschebügeln entscheiden, wenn eine interessante Gesprächsrunde winkt, denn die Wäsche läßt sich wohl auch am nächsten Tag erledigen, während interessante Gespräche stets eine Bereicherung für die Persönlichkeit darstellen.

Beim Umgang mit Freunden, Kollegen oder Mitarbeitern soll man sich bemühen, deren Charaktereigenschaften, Intelligenz und Talente zu erkennen, weil diese für die Qualität des Kontaktes den Ausschlag geben. Immer haben die seelischen Werte eines Menschen die Vorrangstellung vor Äußerlichkeiten.

Auch im täglichen Leben, sogar bei bester Tagesplanung, kann es oft zu einem Engpaß kommen, wenn etwas Unvorhergesehenes passiert. So mancher gerät dann ins Schleudern, unnötige Streß- und Krisensituationen entstehen. Gerade jetzt wird von uns gefordert, das Wesentliche einer neuen Situation zu erkennen und sich nicht in unwichtigen Kleinigkeiten zu verlieren. Dabei sind zwei Talente besonders gefragt, und zwar einmal die Fähigkeit, sich zu konzentrieren, zum anderen die Fähigkeit, genau und schnell zu überprüfen.

Diese beiden Fähigkeiten sind auch die Vorstufen zur Erlangung der noch wichtigeren, später beschriebenen Fähigkeit der Intuition, der „Inneren Stimme", ohne die man die ganz großen Entscheidungen des Lebens niemals richtig treffen kann. Nochmals soll hier vor spontanen Entscheidungen gewarnt werden, denn man kann vielen Krisen und Problemen vorbeugen, wenn man nicht zu schnell ein Urteil fällt oder sich aus Angst und Mutlosigkeit in eine knifflige Situation hineindrängen läßt. Hier wird z. B. an eine unglückliche Ehe gedacht, zu der sich eine junge Frau schließlich bereitfindet, weil sie sich fürchtet, den Eltern zu widersprechen, oder weil der Bräutigam mit einem Selbstmordversuch droht. Jede Art von Erpressung — ob geschäftlicher oder privater Natur — führt immer zu Unheil, da sie gegen die Naturgesetze verstößt. Es ist mutlos und unehrlich, sich durch Druck irgendwelcher Art zu einer eigentlich gar nicht gewollten Entscheidung drängen zu lassen. Die menschliche Persönlichkeit kann sich nur in Freiheit entwickeln, in der Freiheit des Denkens, in der Freiheit der Entscheidung und in der Freiheit des Handelns.

Die Steigerung von Lebens- oder Regenerationsenergie

Alles im Universum ist Energie. Sowohl die objektive geistige Macht des Universums (die Universal- oder Naturgesetze) als auch die subjektive geistige Macht des Universums (die drei Höchsten Seelen) bestehen aus Energieformen.

Weil nun diese positiven Mächte des Universums Energieformen sind und der Fluß der Universalenergie immer weg vom Negativen und hin zum Positiven geht, so wird dadurch ganz klar, daß auf die Dauer im Universum nichts Negatives existieren kann.

Für die Gesunderhaltung und den harmonischen Ablauf seiner Funktionen benötigt der menschliche Organismus ständig Energie, die ihm in Form von Regenerationsenergie vor allem während des Schlafes zugeführt wird. Jeder menschliche Körper erhält eine bestimmte Menge von Regenerationsenergieeinheiten, die vom seelischen Verhalten abhängig ist. Die Anzahl von Energieeinheiten kann von jedem einzelnen dadurch erhöht werden, daß er insbesondere die folgenden Schwerpunkte bei der Arbeit an seiner Persönlichkeitsentwicklung beachtet:

a) das Wichtigste hier wäre ein systematisches Trainieren und Verbessern der Konzentration (siehe Kapitel ,,Konzentration''), da nur die vermehrte Konzentration zu bewußterem Leben und weniger Fehlern verhilft.

b) Regelmäßiges Treffen in Freundschaftskreisen, wo Gespräche geistiger Natur geführt werden.

c) Freundschaft zu einer jüngeren oder älteren Person gleichen Geschlechts.

d) Richtiger Schlafrhythmus, d. h. 21.30 - 22 Uhr ins Bett, um den Schlaf vor Mitternacht mit der meisten Regenerationsenergie zu erhalten.

e) Jede richtige Entscheidung im täglichen Leben bringt Zuwachs von Energie.

f) Die bewußte Bearbeitung von Wünschen, Denkanstößen und positiver Neugierde (siehe entsprechendes Kapitel).

g) Schaffen von Arbeitsplätzen für andere Menschen mit positiver Beschäftigung.

h) Das Gegenteil eines Energiegewinns, also ein Entzug von Regenerationsenergie, findet statt, wenn man sich selbst mit etwas belastet, das keine positive Auswirkung auf die Seele hat. Hier handelt es sich in erster Linie um Besitztümer, die zu ihrer Erhaltung und Pflege den Besitzer viel Zeit und Energie kosten. Dies können beispielsweise große Häuser auf ausgedehnten Grundstücken oder große pflegeintensive Gärten sein, oder auch Dinge, die viel Arbeitsaufwand erfordern, also z. B. Silber, das geputzt werden muß; Bilder oder Gläser, die abgestaubt werden müssen oder ähnliches mehr. Auch Haustiere sind Gegenstände, die unseren Zeiteinsatz erfordern. Sie tun es auch dann, wenn man sie gar nicht als Belastung empfindet; sie benötigen viel Zeit für Pflege, Versorgung und Zuwendung, die uns für wichtigere, unerläßliche Dinge fehlt. Das Halten eines Haustieres kann aber einen Sinn haben, wenn ein kleineres Kind vorhanden ist, weil dieses daran lernt, einfache Pflichten zu übernehmen.

Erwachsene aber werden krank, wenn sie ihre Interessen zu sehr auf Tiere ausrichten. In meine Praxis kam eine Patientin, eine gebildete Frau, die jahrelang mehrere Hunde als Haustiere gehalten hatte. Dies führte schließlich zum Auftreten von Depressionen, weil ihr die Hunde, die ihr viel Arbeit machten und Pflege brauchten, laufend Energie entzogen. Darüber hinaus fand diese Frau weder die Zeit, manchmal abends ins Theater oder gar für ein paar Wochen in Urlaub zu gehen noch hatte sie, eine Junggesellin, das Bedürfnis, Freundschaften zu pflegen. Tiere sind sicherlich von Gott zu unserer Hilfe geschaffen worden, aber die Beschäftigung mit ihnen darf nicht zur Einschränkung unserer seelischen Entwicklungsmöglichkeiten führen.

Alles was die persönliche Bewegungsfreiheit behindert, seien es zu viele materielle Besitztümer oder unnötige Haustiere, wirkt wie ein ,,Mühlstein'' an unserem Hals, entzieht uns Energie und belastet und behindert uns bei der freien Entwicklung und Entfaltung.

Mehr Energie bedeutet außer besserer Gesundheit und besseren allgemeinen Fähigkeiten auch besseres, strahlenderes Aussehen und mehr Freude im Leben.

Steigerung der Konzentrationsfähigkeit

Wenn man einsieht, daß die Entwicklung der Seele der eigentliche Sinn des Lebens ist, so wird man auch begreifen, wie wichtig es ist, daß man seine Gedanken, seine Gefühle und sein Wollen auf dieses Ziel hin ausrichtet; d. h. konzentriert. Die Steigerung der Konzentration ist deshalb von enorm großer Bedeutung, weil man mit jeder konzentrierten Tätigkeit — auch beim Nachdenken, — viele Fehler vermeiden kann. Durch intensive Konzentration erkennt man nicht nur alle Zeichen Gottes besser, die ER uns in Form von Warnungen und Hinweisen gibt, sondern man kann auch Seine Winke besser in die Tat umsetzen.

Wenn man feststellt, daß ein Vorhaben nicht so läuft, wie es sein müßte, kann man daran erkennen, daß man von Gott sabotiert wird. Mit Hilfe der Konzentration wird man bald herausfinden, wo der ,,Wurm" sitzt, die Sache noch einmal überdenken und dann versuchen, es besser zu machen.

Für einen Menschen ist es kaum möglich, sich einen ganzen Tag lang ständig zu konzentrieren; aus diesem Grund bekommt man die meisten Prüfungen in Konzentration in den Morgenstunden, wenn man normalerweise sehr wach ist; deshalb ist es wichtig, gleich nach dem Aufstehen (etwa von 6 - 10 Uhr) besonders bewußt und konzentriert zu sein.

Jeder versteht, daß man bei schöpferischer Arbeit, wie Schreiben, Komponieren, Malen, Konstruieren, Entwerfen etc. eine uneingeschränkte Konzentration von sich fordern muß. Daher ist auch hier das Naturgesetz von Ursache und Wirkung präzise am Werk: Wer also für schwierige Fälle bzw. Problemlösungen die besondere Hilfe Gottes bzw. Seine Eingebung gerne haben möchte, muß sich diese durch entsprechendes Verhalten verdienen.

Dazu ist es notwendig, sich bei ganz einfachen alltäglichen Verrichtungen zu konzentrieren, wie: beim Zähneputzen, Rasieren, Waschen, Ankleiden, Frühstück zubereiten und Bettenmachen. Diese langweiligen Tätigkeiten, die weder viel Intelligenz noch besondere Talente erfordern, laufen nahezu automatisch ab, so daß die Gedanken nur recht selten bei der Sache sind.

Man will aus einem anderen Raum etwas holen und weiß, dort angekommen, nicht mehr, was es gewesen ist; oder man verläßt das Haus und ist sich nicht sicher, ob man die Fenster geschlossen oder den Gashahn zugedreht hat. Dann muß man meist zurückgehen, um Gewißheit zu erlangen und somit Zeit und Energie verlieren. Damit ist der Vorgang jedoch nicht beendet. Man sollte den nächsten Schritt noch tun und die Sache als Hinweis und Denkanstoß betrachten, daß man nicht konzentriert genug gewesen ist.

Es gilt der Grundsatz: Wer sich bei alltäglichen Kleinigkeiten konzentriert, darf auch bei größeren Problemen mit der Hilfe Gottes rechnen, die in Form von Intuition (der inneren Stimme) als Entscheidungshilfe gegeben wird. Wenn man sich schon in den ersten Minuten des Tages konzentriert verhält, dann verläuft der gesamte Tag reibungslos und glatt, ohne große Sabotagen und Hemmnisse. Die Arbeit geht einem müheloser und flinker von der Hand, man verspürt eine verbesserte Intuition und man kann leichter negativen Einflüssen und Ablenkungen aus der Umwelt widerstehen.

Zur Steigerung der Konzentrationsfähigkeit ist folgende Vorgehensweise zweckmäßig:

Man sollte beobachten, wann und wie oft während einer anscheinend unbedeutenden Verrichtung wie Waschen, Zähneputzen, Duschen, Bettenmachen usw. Ablenkungen durch aufkommende Gedanken an ganz andere Dinge erfolgen. Jeder wird feststellen, daß dies relativ häufig der Fall ist.

Während der Dauer einer solchen Ablenkung von der eigentlichen Tätigkeit ist man überhaupt nicht oder zumindest nicht genug auf diese konzentriert. Unsere Seele hat abgeschaltet, so daß während dieser Phase unser Körper von Gott gesteuert die begonnene Tätigkeit automatisch fortführt. Hierzu ist Energie erforderlich, die der Schöpfer nur deshalb aufwenden muß, weil wir nicht konzentriert bei der Sache waren. Diese Energie fehlt natürlich an anderer Stelle, so daß wir für unsere mangelnde Konzentration bei der begonnenen Tätigkeit in irgendeiner Form bezahlen müssen. Daraus folgt wiederum, daß wir uns Unkonzentriertheit eigentlich überhaupt nicht leisten können, schon gar nicht bei sogenannten unwichtigen Kleinigkeiten.

Wenn wir also fortwährend Energieverlust und die sich daraus ergebenden zwangsläufig folgenden Sabotagen vermeiden wollen, so müssen wir uns bei jeder Tätigkeit, insbesondere bei vermeintlich unwichtigen, sehr bemühen, konzentriert bei der Sache zu sein und auch zu bleiben. Gedanken an etwas anderes stören die Konzentration auf die begonnene Tätigkeit und sollten nach Möglichkeit vermieden werden. Wenn wir uns doch dabei ertappen, sollten wir so schnell wie möglich diese beiseiteschieben und zur eigentlichen Tätigkeit auch mit den Gedanken zurückkehren. Notfalls muß öfters wiederholt werden.

Wie vorstehend dargelegt, müssen wir uns auf eine begonnene Tätigkeit derart konzentrieren, daß nicht einmal unsere Gedanken woanders hin abschweifen. Schon gar nicht ist es uns erlaubt, zur gleichen Zeit mehrere verschiedene Tätigkeiten auszuführen, also z.B. Stricken beim Fernsehen, Anhören einer die Aufmerksamkeit fordernden Diskussion im Autoradio während des Chauffierens im Straßenverkehr, Musikhören und Lesen und vieles andere.

Während wir uns mit etwas anderem als der begonnenen Tätigkeit beschäftigen, auch wenn dies nur in Gedanken geschieht oder uns dabei Sorgen machen, sind wir nicht in der Lage, das eigentliche Problem richtig zu lösen. Hierzu wird die Intuition Gottes nur dann verdient und gegeben, wenn wir konzentriert bei einer Sache bleiben.

Folgenden wichtigen Grundsatz sollten wir uns daher merken:

Problemlösungen, die wir während der Beschäftigung mit etwas anderem zu finden glauben, sind immer falsch, denn die richtige Lösung dürfen wir nur dann erkennen, wenn wir uns einzig und allein auf dieses Problem konzentrieren.

Je mehr Ruhe man innerlich und äußerlich bei der Problembearbeitung findet, und je weniger man sich durch andere Beschäftigungen ablenken läßt, desto richtiger und befriedigender wird die Lösung ausfallen.

Konzentration erzeugt und bringt uns Energie. Die zusätzlichen Belohnungen für die Verbesserung unserer Konzentration sind vielfältiger Natur. Sie erfolgen im wesentlichen in folgenden Bereichen:

a) Gedächtnisfähigkeit

Viele Menschen jammern über ein schlechtes Gedächtnis.

Das hat nichts mit dem Alter zu tun, sondern vielmehr mit dem über einen längeren Zeitraum mangelhaften Bemühen um Steigerung der eigenen Konzentrationsfähigkeit. Sich immer ablenken lassen von der augenblicklichen Tätigkeit kostet Energie und kann nicht zum Erfolg führen, so daß das Gedächtnis mit der Zeit durch laufenden Energieverlust schlechter werden muß.

b) Intelligenz

Auch die Intelligenz wächst dadurch, daß man sich auf diejenigen Arbeiten konzentriert, die man gerade verrichtet. Automatisch steigert eine andauernde Konzentration auf das Wesentliche unsere Intelligenz. Somit erkennt man auch die verschlüsselten Zusammenhänge im Leben besser, — also die innige Beziehung von Ursache und Wirkung in den Naturgesetzen, — und vermag seine täglichen Entscheidungen sicherer zu fällen.

c) Freude an der Arbeit

Durch Verbesserung der Konzentration werden sogar Arbeiten, die man nicht so gerne durchführt, wie Zähneputzen, Strümpfe oder Geschirr waschen, Zwiebeln schälen usw. plötzlich viel interessanter. Es fällt einem oft ein, wie man etwas rationeller machen könnte, und es geht auch schneller von der Hand.

Natürlich passieren auch seltener die sogenannten ,,Mißgeschicke'', so daß man sich nicht mehr schneidet oder daß einem beim Geschirrabwaschen kein Teller mehr aus der Hand gleitet. Man hat also auch bei derartigen Beschäftigungen ein echtes Erfolgserlebnis, was wiederum die Freude an der Arbeit verstärkt.

d) Regenerationsenergie

Wie schon erwähnt, steigert das Bemühen um mehr Konzentration die dem Körper zur Verfügung stehende Energiemenge. Damit ist es leichter, die Gesundheit zu erhalten und zu festigen. Schwachpunkte wie z. B. Wetterfühligkeit werden weniger spürbar oder können ganz verschwinden.

e) Allgemeine seelische Verbesserung

Das allgemeine Wohlbefinden bis hin zum Glücksgefühl kann durch gute Konzentration herbeigeführt werden.

Alle von Gott gegebenen Hilfen wie Denkanstöße, Gefühle, Warnungen usw. können leichter von uns bemerkt, analysiert und verstanden werden. Wir sind gelassener, objektiver und neutraler gegenüber dem Geschehen um uns herum und können dieses entspannt, ja fast unbeteiligt betrachten wie ein Schauspiel auf der Theaterbühne.

f) Intuition

Wenn wir uns mehr konzentrieren, verdienen wir uns dadurch eine bessere Intuition (siehe besonderes Kapitel), was uns wiederum in die Lage versetzt, unsere Entscheidungen besser zu treffen.

Steigerung der Intelligenz

Bei jeglicher positiver Entwicklung ist der Wunsch die Triebfeder der Bemühung. Nach dem Plan Gottes und der Universalgesetze sollte die Intelligenz im Laufe eines Lebens sich nicht vermindern, sondern eigentlich immer steigern. Abbau der Intelligenz im Alter tritt nur dann ein, wenn man während seines Lebens viele Fehler im seelischen Bereich gemacht hat.

Einer der herausragendsten Fehler ist der Mangel an Selbstdisziplin, ein ,,Sich-Gehen-lassen'', auf allen möglichen Gebieten des Lebens. Dazu gehören falsche Ernährung und das Sich-hingeben an Süchte wie übermäßigen Alkoholgenuß, Rauchen oder gar Rauschgift. Auch Coffeingenuß oder ähnliche kleine Sünden schaden auf die Dauer dem Nervensystem und damit auch der Intelligenz.

Viel wichtiger aber ist es, nicht nur die schädigenden Einflüsse, sondern vor allem auch die die Intelligenz unterstützenden Wirkungen zu kennen und diese zu nutzen.

Hier ist positive Neugierde eine gute Möglichkeit, die Intelligenz zu steigern. Sich für viele verschiedene Dinge im Leben zu interessieren, auch in die Bearbeitung neuer Talente einzusteigen, fördert das Denkvermögen und dadurch die Intelligenz. Wenig Interessengebiete zu haben oder im fortgeschrittenen Alter geistig in Pension zu gehen, bedeutet seelischen und intelligenzmäßigen Abstieg.

Als nächster Punkt ist es ganz wichtig, die schon besprochenen *Denkanstöße* zu erkennen. Wenn es möglich ist, die Anzahl der registrierten und nutzbar gemachten Denkanstöße pro Tag zu erhöhen, kann man sicher viel gezielter seine Charakterschwächen bearbeiten und erhält dadurch wiederum mehr Energie, bessert aber vor allem sein Denkvermögen.

Wie schon oben angeführt worden ist, vermag die *Konzentration* nicht nur die Qualität einer Arbeit generell zu verbessern, sondern sie steigert auch das Denkvermögen und die Intelligenz im allgemeinen. Die großen Genies der Weltgeschichte, wie z. B. Kant, Goethe, Beethoven oder Shakespeare zeichneten sich vor allem durch ihre große Konzentrationsfähigkeit aus, die sich in ihren Werken niederschlägt.

Nicht vergessen werden darf in dieser Aufzählung der intelligenzfördernden Tatsachen der allgemeine Gesundheitszustand. Er kann in hohem Maße die Intelligenz steigern. Häufiges Zusichnehmen von Schad- und Suchtstoffen, deren Schlacken sich auch in den Gehirnzellen ablagern und dadurch zu frühzeitigen Altersbeschwerden und Senilität führen, sollte vermieden werden. Stattdessen ist eine vollwertige, möglichst schadstoffreie Ernährung zu bevorzugen. Ebenso unterstützt ausreichender Schlaf, vor allem der vor Mitternacht, die Gesundheit und damit die Intelligenz. Schlaf ist nämlich der wichtigste Nährstoff für das Nervensystem und trägt wesentlich zu einer intakten Gehirntätigkeit bei. Gehirnfunktion und der Zustand des Nervensystems stehen in Wechselbeziehung zueinander, sie hängen voneinander ab. Damit nun das Nervensystem seine wichtige Aufgabe erfüllen kann, sollte man es schonen und bewußt und entspannt eine Tätigkeit nach der anderen in Ruhe verrichten. Wenn man zu viele Dinge zu schnell erledigen will, geht meistens vieles daneben und das Nervensystem leidet darunter. Ebenso schadet es, wenn man sich über die Ereignisse des Weltgeschehens, die man ohnehin nicht ändern kann, zu sehr aufregt. Zwar sollte man die Entwicklung mit wachen Sinnen verfolgen, um sich über die Vorgänge ein Urteil bilden zu können, sich aber nicht emotionell davon packen lassen.

Die schwere und fatale ,,Parkinson'sche Krankheit", im Volksmund Schüttellähmung genannt, geht hauptsächlich auf die Gewohnheit zurück, sich häufig mit den negativen Seiten des Lebens zu beschäftigen. Diese Personen grübeln zuviel darüber nach und machen sich Sorgen um Dinge, die sie nicht beeinflussen können oder die vielleicht auch gar nicht eintreten werden. So hat sich eine Patientin jahrelang hauptsächlich mit jenen Seiten der Zeitungen beschäftigt, die über Morde, Naturkatastrophen etc. berichteten. Sie konnte sich nachher von diesen Dingen nicht lösen, machte sich dauernd darüber Gedanken und Sorgen und ruinierte so ihr Nervensystem, bis es zur ,,Schüttellähmung" kam, die ja eine Degeneration des Nervensystems darstellt.

Abschließend ist zum Thema zu sagen, daß durch die Entwicklung der Intelligenz die Qualität des Ablaufs der Denkprozesse geschult wird und diese perfekter ablaufen. Diese Tatsache verstärkt zugleich die Entfaltung der Seelen hier auf der Erde, sie leitet damit aber auch schon jetzt den Zeitabschnitt des Universums ein, in welchem Fortschritt nicht mehr mit der Hände Arbeit oder mit Werkzeugen vollzogen, sondern rein geistiger Natur sein wird. Dann werden die Seelen lediglich durch reine Denkprozesse die weitere Entwicklung des Universums vorantreiben, wie Gott es seit Jahrmillionen tut.

Hier auf der Erde jedoch müssen wir uns mit den gegebenen Tatsachen abfinden und Hände und Werkzeug benutzen. Aber man hat es in jeder Beziehung leichter, wenn man zusätzlich zum Gebrauch der Hilfsmittel seine Intelligenz und Denkfähigkeit nicht nur einsetzt und intakt erhält, sondern auch die Tätigkeit des Gehirns schult und verfeinert. Dadurch wird die Seele bereits für zukünftige Regionen vorbereitet.

Bessere Arbeitsmethoden

Die Wichtigkeit einer geregelten Arbeit können besonders jene am besten einschätzen, die längere Zeit ohne Arbeit waren oder lange suchen mußten, um das Geeignete zu finden. Vielfach sind finanzielle Probleme damit verbunden und stehen im Vordergrund. Hier sollen vor allem die geistig-seelischen und gesundheitlichen Vorteile von regelmäßiger Arbeit besprochen werden.

Arbeit soll und muß Freude machen, sie ist ein Lebenselixier. Ohne sie wird der Mensch depressiv und kann organisch erkranken. Das Leben muß einen Inhalt besitzen. Die menschliche Persönlichkeit muß das Gefühl haben, daß sie einen bestimmten Platz innerhalb der menschlichen Gesellschaft ausfüllt. Jede auch noch so unbedeutend erscheinende Arbeit hat ihre Wichtigkeit und bedeutet ein kleines notwendiges Rad innerhalb des großen Räderwerks des Universums.

Die Menschen, die ihre Arbeit gerne tun, also ein positives Verhältnis zu ihr gefunden haben, verrichten sie meistens auch besonders gut und sind gesund und lebensfroh. Man darf im Broterwerb keine Last oder bedrückende Notwendigkeit sehen, sondern eine wichtige Lebensaufgabe.

Bei der Berufswahl oder bei der Suche nach einem geeigneten Arbeitsplatz ist es wichtig,

a) daß die Art der Arbeit genügend Raum für die eigene seelische Weiterentwicklung läßt oder zumindest diese nicht behindert.

b) zum anderen sollte seine Arbeit für die Mitmenschen und das Universum förderlich sein.

Jede gute Person bekommt dabei eine schwierige Prüfung, die darin besteht, ob sie versucht, eine Stelle zu finden, wo sie bei möglichst geringer Leistung möglichst viel verdienen kann. Wer danach trachtet, wird niemals Freude an seiner Arbeit finden, da ein solches Prinzip den Naturgesetzen widerspricht.

Die richtige Entscheidung für einen Arbeitsplatz sollte heißen: Nicht nur der Unternehmer oder Geschäftsinhaber, sondern auch jeder Mitarbeiter sollte sich an seiner Arbeitsstelle so verhalten, als ob die Firma oder das Geschäft sein eigen wäre. Wer so handelt, der wird schon nach kurzer Zeit auch bei der geringsten Arbeit mit Freude belohnt. Man hat dann ein gutes Gefühl der eigenen Wichtigkeit, und mit der Freude wachsen Befriedigung und Selbstbewußtsein.

Eigentlich sollte zwischen Freizeit und Arbeit kein Unterschied sein. Beide sollten Freude bereiten und beide sollten der Gesundheit und der Persönlichkeitsentfaltung dienen.

Nachstehend folgen einige Hinweise, wie man seine Arbeitsmethoden verbessern und die Freude an der Arbeit steigern kann:

a) Man sollte rechtzeitig am Arbeitsplatz sein, d. h., es genügt nicht, wenn man in letzter Minute dort erscheint, sondern man sollte schon 10 - 15 Minuten vor Arbeitsbeginn eintreffen, um sich in Ruhe vorzubereiten und dann pünktlich und konzentriert mit der Arbeit anfangen.

b) Eine gute Planung und Einteilung der Arbeit macht viel Zeitaufwand wett. Wenn man anfängt, wegen Überlastung kopflos herumzulaufen, geht die Arbeit nicht weiter, man gerät in Streß und stört auch die Mitarbeiter bei der Konzentration.

c) Wenn man sich auf seine Tätigkeit ganz konzentriert, schafft man mehr in kürzerer Zeit und man ermüdet weniger. Deshalb sollte man sich täglich vornehmen, sich auf sein Tun — was es auch sei, — zu konzentrieren.

d) Nach einer guten Nachtruhe geht am folgenden Tag jede Arbeit rascher und präziser von der Hand. Deshalb bestimmt eigentlich schon die Verhaltensweise ab 21.30 Uhr am Vorabend, ob man am nächsten Tag leistungsfähig ist oder nicht; d.h. wer früh ins Bett geht und gut schläft, schafft sein Arbeitspensum leichter und freudiger.

e) Jährlich sollte man ein- bis zweimal Urlaub einplanen und diesen möglichst in solchen Gegenden verbringen, wo man sich gesundheitlich gut regenerieren und dann wieder voller Energie und Freude seine Arbeit aufnehmen kann.

f) Man sollte die Probleme des Arbeitsplatzes nicht mit nach Hause nehmen, sondern möglichst schnell abschalten, wenn man den Arbeitsplatz verlassen hat.

g) Man fühlt sich wohler, wenn man seinen Mitarbeitern und Kollegen gepflegt gegenübertritt, sich ihnen gegenüber höflich verhält und diszipliniert und gewählt ausdrückt.

h) Mit dem Chef und dem Arbeitsklima sollte man einverstanden sein. Gegenseitige neutrale Sympathie ist wichtig. Das gilt auch für einen Chef und seine Mitarbeiter!

i) Man sollte nicht nur das geringste Arbeitssoll erfüllen, sondern immer etwas mehr tun, als verlangt wird.

j) Man sollte es sich zur Gewohnheit machen, den Arbeitsplatz stets sauber und ordentlich zu verlassen.

k) Man sollte sich bei der Arbeit weder Sorgen machen noch an andere Dinge denken, denn das kostet unnötige Energie und die Konzentration auf die Arbeit wird gestört und erschwert.

l) Wenn man sich auf seinem Arbeitsgebiet laufend weiterbildet oder auch sich für einen anderen Bereich interessiert, so hat man mehr Erfolg und trägt seinen kleinen Teil zum allgemeinen Fortschritt auf der Welt bei.

m) Unter gleichgestellten oder jüngeren Kollegen sollte man die Arbeit eines anderen niemals kritisieren, das steht nur einem Vorgesetzten zu. Im Gegenteil sollte man die Arbeitsleistungen anderer lobend anerkennen. Auch ein Chef sollte seine Mitarbeiter niemals „abkanzeln", er muß ihre Würde achten.

n) Niemals darf man Firmengeheimnisse oder negative Ereignisse im Betrieb als Sensation in der Öffentlichkeit verbreiten. Auch innerhalb des Betriebes sollte man sich nicht zum Klatsch hergeben.

o) Wenn man längere Zeit hindurch nicht richtig ausgelastet ist und am Arbeitsplatz das ungute Gefühl bekommt, die „Zeit totzuschlagen", sollte man sich nach einer neuen Arbeitsstelle umsehen.

Unentbehrlich für den andauernden Erfolg bei der Arbeit ist eine gute Ernährung, die es erleichtert, eine zufriedenstellende Gesundheit zu bewahren. Diese darf nicht durch Hingeben an Süchte wie starkes Rauchen, übermäßigen Alkoholgenuß, Tablettenabhängigkeit usw. geschädigt werden.

Schließlich gibt es noch einen entscheidenden Punkt, der in gleicher Weise für Unternehmer wie auch für Mitarbeiter gilt: Er betrifft die *Ehrlichkeit*. Diese Charaktereigenschaft scheint für manche Menschen im Beruf fragwürdig zu sein, weil sie denken, man könne es „im Beruf nicht immer so genau nehmen". Oder man müsse auch „einmal durch die Finger sehen können". Diese und ähnliche Redensarten bezeugen, daß eine gewisse Laschheit üblich ist. Aber man sollte langfristig denken, was auch das Sprichwort besagt: „Lügen haben kurze Beine". Ein vermeintlicher momentaner Gewinn, hervorgerufen durch eine nicht ganz ehrliche Verhaltensweise, kann durchaus möglich sein; aber auf lange Sicht gesehen verstößt ein derartiges Geschäft gegen die Naturgesetze und der Nutzen kehrt sich in Schaden um.

Eine ehrliche Erklärung ist im Geschäftsleben oft unangenehm und erfordert Mut; andererseits aber ist eine solche Situation eine Ehrlichkeitsprüfung Gottes und wird bei richtiger Entscheidung auf die Dauer gesehen durch zehnfachen Gewinn belohnt. Dies gilt auch für die Erklärung der Einkommensteuer. Ein schneller Erfolg nach einer Unehrlichkeit ist nur ein momentaner Scheinerfolg und wächst sich auf die Dauer fast immer zu einem Mißerfolg aus. Wenn man eine momentane Hürde oder Schwierigkeit ehrlich überwindet, so wird man nach der Wirkungsweise der Universalgesetze präzise und ohne Ausnahme immer belohnt werden.

Man darf nicht auf Kosten der Firma telephonieren oder Gebrauchsgegenstände der Unternehmens für eigene private Zwecke ungefragt mit nach Hause nehmen. Ebenso ist es unehrlich, während der Arbeitszeit private Arbeiten zu erledigen oder zuviele Kaffeepausen einzubauen. Man sollte die hier erforderliche Gewissenhaftigkeit stets an den Tag legen und nicht mit Verstandsargumenten übertönen, weil es doch angeblich alle „so" machen. Das Universalgesetz ist nämlich unbestechlich, man muß die Folgen seines Handelns tragen.

Für den dauerhaften Erfolg einer Arbeit oder Karriere und die damit verbundene Freude ist also jeder allein verantwortlich. ,,Jeder ist seines eigenen Glückes Schmied'', gilt auch hier.

Die Intuition

Die „Intuition" ist die innere Stimme, eine Vorstufe der Stimme Gottes. Man muß hier verstehen, daß die Intuition oder besser gesagt, die Qualität der eigenen Intuition eine Art Belohnung für eine gute seelische Arbeit ist. Daher ist es ganz wichtig, immer wieder zu überprüfen, bevor man eine Entscheidung trifft. Eine starke innere *Gewißheit* gibt dann die beste aller Hilfen.

Man muß jedoch sehr vorsichtig sein, denn ein spontaner Einfall ist niemals eine Intuition. Im Gegenteil — dieser stellt eine Prüfung dar, ob man zu schnell in etwas „hineinspringt" oder nicht.

Der gefährlichste Gegner einer guten Intuition ist das rein verstandesmäßige Denken, welches besonders bei Männern stark ausgeprägt ist. Deshalb sind auch im allgemeinen Frauen mit einer besseren Intuition ausgestattet.

Eine andere Störung für die Entwicklung einer guten Intuition ist die Meinung der Allgemeinheit, von der man sich zu stark beeinflussen läßt und der man sich — bewußt oder unbewußt — unterwirft. Hier muß man Mut und Selbstbewußtsein entwickeln, um seine eigenen Entscheidungen treffen zu lernen, dabei auf die Qualität der „inneren Stimme" achten und ihr vertrauen.

Wie kann man sich nun eine bessere Intuition erarbeiten?

Hier kann zunächst ein grundlegender Wunsch helfen: Es ist der, die eigene Persönlichkeit weiterzuentwickeln, um damit für seine Umwelt weniger Störung und eine zunehmende Freude darzustellen.

Die oben beschriebenen Konzentrationsübungen unterstützen das Bemühen, immer mit wachen Sinnen bei einer Sache zu sein und damit die mannigfachen täglichen Denkanstöße zu registrieren und dann möglichst sofort durchzuführen. Niemals sollte man etwas nur dem „Zufall" überlassen, denn dieser ist ja meistens als erneuter Denkanstoß oder als Warnung zu verstehen. Um Zutrauen zu diesem „inneren Wissen" und mehr Übung zu bekommen, muß man versuchen, alle Begebenheiten positiver und negativer Natur auf ihre ursächlichen Beweggründe zurückzuführen. Erst von dieser Basis aus kann man mit Hilfe der Intuition und durch Nachdenken die Zusammenhänge richtig erfassen. Es ist eine Methode, die den Menschen mehr Sicherheit bei ihren Entschlüssen gibt; das Leben wird interessanter, indem man mehr Hintergründe aufdeckt.

Dabei sollte man versuchen, den Dingen neutral und objektiv gegenüberzustehen. Dies erläutert das folgende Beispiel: Wenn man in einer aufregenden Situation steckt, stelle man sich vor, man säße im Theater, und auf der Bühne spielten die Darsteller genau diese Begebenheit durch. In diesem Fall kann man eher „ruhig Blut" bewahren, die Sache neutraler begutachten und beurteilen, also im Geiste aus seiner Haut herausschlüpfen und sich als Zuschauer auch der eigenen Situation sehen.

Aber es wird dann schwierig, wenn man glaubt, helfen zu müssen oder sich Sorgen macht.

Daß derartige Verhaltensweisen falsch sind, wissen wir, denn Negatives zieht Negatives an. Auch hier muß man versuchen, sich erst an leichteren Aufgaben zu üben, dann lassen sich später auch die schwierigeren lösen. Das Sich-

Einmischen in Dinge, die einen eigentlich nichts angehen, bringt nur persönliches Ärgernis mit sich, denn die Situation ist in diesem Fall als Schauspiel für mich, aber als Prüfung für andere gedacht. Und anderen kann man ihre Prüfungen weder abnehmen noch für sie die notwendigen Erfahrungen daraus gewinnen.

Sorgen und Ängste um sich selbst oder um andere sind ein großes Hindernis für die Entwicklung der Intuition. Als „Sperre" für eine Intuition wirkt geradezu die Angewohnheit, im Leben mehr das Negative als das Positive zu betonen (Siehe Charaktereigenschaften, negative Kritik). Auch Nörgelei an anderen Menschen verhindert die göttlichen Eingebungen der Intuition. Man sollte eine Lehre daraus ziehen und das Positive im Negativen erkennen.

Um eine gesunde Basis für die Intuition zu schaffen, sollte man versuchen, sich täglich die Fehler von gestern zu vergeben, sie wie Ballast abzuwerfen; denn schon allein das ständige Denken daran kostet Energie und trübt die Sicht. Mit frischen Kräften sollte man jeden Tag neu beginnen und sich bewußt an der Gegenwart freuen.

In der Wahl seiner Freundschaften, die ebenfalls die Entwicklung der Intuition fördern können, sollte man besonders wählerisch sein. Dasselbe gilt auch für Vereine oder Gruppen, denen man angehört. Manche derartige Interessengemeinschaften erfüllen nicht die Erwartungen, die man zunächst in sie gesetzt hat. Dann sollte man sich aus ihnen lösen, bevor der Umgang mit ihnen zur Gewohnheit wird. Denn auch hier schaden negative Einflüsse durch Menschen oder Ideen der Intuition.

Besonders auf dem Gebiet der Bearbeitung der geistig-seelischen Fragen existiert heutzutage eine große Zahl von Gemeinschaften, Gruppen oder Bewegungen, die manchem recht interessant und vielversprechend erscheinen.

Wenn man damit in Berührung kommt, muß man sehr genau überprüfen und ganz besonders beobachten, ob Hinweise oder Warnungen erfolgen. Gerade auf diesem Gebiet kann man nämlich leicht in einem Irrgarten landen.

Wenn eine gute Person zum ersten Mal Theorien anhört, die eigentlich nicht stimmen, so hat sie oft das Gefühl, daß diese für sie nicht zu verstehen sind. Diese Tatsache des Nicht-verstehen-Könnens bedeutet die Warnung. Wird dann trotzdem mit Gewalt versucht, in die betreffende Gedankenwelt einzusteigen, dann kommt bald die Begeisterung für die neue Sache und die eigenen Überzeugungen beginnen zu wanken und sich zu verzerren. Das erste Nicht-verstehen-Können war also eine Warnung durch die Intuition! Im weiteren Fluß der Ereignisse dringt die Stimme nicht mehr durch, weil man sie ja gar nicht mehr hören will.

Schließlich trübt auch das Zusammensein mit Menschen, die sich ständig falsch verhalten, die eigene klare Sicht, es raubt Energie und beeinträchtigt die seelische Entwicklung. Hier zeigt sich die Wirkungsweise der Universalgesetze an dem Prinzip des ,,Mitgefangen — Mitgehangen''.

Auch bei Aufenthalten an Orten wie Spielcasinos oder zweifelhaften Nachtlokalen ist man nicht unter Schutz. Die damit meistens verbundene Zeitverschwendung verhindert das Entstehen der Intuition.

Der ständige Wunsch, die eigene Intuition zu verbessern, ist die Voraussetzung für das Zustandekommen und Fortbestehen des ,,guten Drahtes zum Schöpfer''. Damit können wir uns dem Ziel nähern, auf ewig Gottes Freund und Mitarbeiter zu werden.

Die Ausstrahlung

Da die menschliche Seele aus geistigen Schwingungen besteht, spricht man oft von der „Ausstrahlung" eines Menschen. „Charisma" ist das griechische Fremdwort für Ausstrahlung. So nannten die Griechen im Altertum diese als übernatürlich empfundene Wirkung eines Menschen auf andere, die ihm nach ihrem Glauben von einer höheren Macht als Geschenk verliehen wurde.

Wenn jemand eine Ausstrahlung hat, so läßt diese einen Rückschluß auf den Zustand seiner Seele zu, d. h. in welchem Maße sich der Mensch um seine seelische Entwicklung bemüht. Die Ausstrahlung ist eine Funktion der individuellen seelischen Entwicklungsstufe jedes einzelnen, aber auch der momentane Zustand körperlicher und seelischer Gesundheit spielt eine Rolle.

Insgesamt also ist die Ausstrahlung von vielen verschiedenen Faktoren abhängig, von denen hier die wichtigsten angeführt werden sollen:

a) Fundament des Charisma ist die Gelassenheit der Persönlichkeit; sie beruht auf einem festen Gottvertrauen, was zugleich das *dauernde Sorgenmachen ausschließt*. Wie schon mehrmals besprochen, ziehen Sorgen das Negative magnetisch an und schlucken somit wertvolle Lebensenergie. Man versteht ohne weiteres, daß ein ängstlicher, depressiver Mensch, ein „Schwarzseher", der sich selbst zurückzieht wie in ein Schneckenhaus, keine positive Ausstrahlung haben kann. Die Seele hat keine Kraft, etwas mit-zu-teilen, sie hat keine Reserven, etwas von ihrem Reichtum zu schenken.

b) Eine *positive Sicht* oder ganz allgemein positives Denken, also die Heiterkeit der Seele, macht einen Menschen anziehend und läßt ihn zur Freude der anderen werden. Weil er diese bejahende Lebenseinstellung seiner Persönlichkeit zeigt, erscheint er den Mitmenschen als „Glückspilz", von dem oft gesagt wird: „Ihm gelingt alles!", weil Positives eben Positives nach sich zieht.

c) *Eifersucht* vermindert stark die positive Ausstrahlung des Menschen und behindert jede menschliche Beziehung; sie blockiert eine Freundschaft oder läßt sie sogar gänzlich scheitern. Die Schwäche der Eifersucht ist ein Teilgebiet der Charaktereigenschaft „Vergeben". Quälende Eifersucht läßt sich sicher am besten aus dem Wege räumen, wenn man seiner Verhaltensweise auf den Grund geht.

Man glaubt jemand zu besitzen und fürchtet, den „Besitz" zu verlieren. Eifersucht ist also Selbstsucht oder Egoismus. In Wirklichkeit „besitzt" man niemanden, auch nicht die eigenen Kinder. Sie sind, und nur für die Zeit des Großziehens, als Leihgabe Gottes kurzfristig verantwortlich übergeben. Auch ein Ehepartner oder Freund „gehört" einem nicht; man darf nicht über ihn verfügen wie über eine Sache. Wenn man fürchtet, jemanden zu verlieren, so beschleunigt Eifersucht das Bestreben des anderen und ist das sicherste Trennungsmittel, denn sie ist auf Dauer unmöglich zu ertragen.

Eifersucht ist meistens ein Mangel an Selbstlosigkeit und Demut. Man möchte sich selbst in den Mittelpunkt der Aufmerksamkeit einer geliebten Person rücken und zeigt gerade dadurch dem anderen seine Schwäche.

Nicht nur unter Freunden gibt es Eifersucht. Im Beruf nennt man sie Konkurrenzneid, der häufig nur ein sogenannter ,,Futterneid'' ist, denn meistens geht es um die bessere Stellung, die man dem anderen nicht gerne gönnt. Aber der Kollege hat diese Stellung ja eigentlich durch besondere Fähigkeiten oder Leistungen erworben, die man ehrlich anerkennen sollte. Man müßte auch lernen, sich neidlos über den Erfolg eines Kollegen zu freuen; auch wenn der andere ein größeres Ansehen bei den Menschen genießt als man selber.

Es ist immer eine große Hilfe, über seine eigenen Charakterschwächen nachzudenken mit dem Ziel, sie zu bearbeiten und zu beseitigen. Macht man jemanden aus Eifersucht schlecht, so muß nach dem Naturgesetz der ,,Bumerang'' als Problem zurückkehren. Da ein Eifersüchtiger stark gefühlsmäßig — also nie ganz objektiv — handelt, übertreibt er häufig und verleumdet, wo er sachlich denken und berichten sollte. Wer unter Eifersucht leidet, sollte versuchen, diese abzubauen, da es ihm sonst nicht gelingen kann, eine positive Ausstrahlung zu erwerben.

d) Eine gute *Intuition* ermöglicht dagegen eine wesentliche Verstärkung der persönlichen Ausstrahlung. In ihr darf man so etwas Ähnliches sehen wie die geistigen Antennen, die zum anderen ausgerichtet sind. Indem man seine Intuition verbessert, ist man mehr und mehr fähig, auf die Probleme des anderen einzugehen; ja, man kann auch leichter die Schwächen des anderen verstehen und tolerieren. So ist die Intuition als Vorstufe zur ,,Stimme Gottes'' anzusehen und besonders wichtig für einen geraden Weg der seelischen Entwicklung (Siehe Kapitel ,,Intuition'').

e) Eine weitere Hilfe, seine Ausstrahlung zu steigern, ist, *Demut* zu üben; d. h. ich beuge mich dem Willen Gottes und sage: ,,Dein Wille geschehe'', auch wenn es mir schwer fällt.

Da man im allgemeinen gewohnt ist, seine Entscheidungen selbst zu treffen, ist es nicht gerade leicht, nun nur Werkzeug Gottes sein zu sollen. Aber die Entscheidungsfreiheit des Menschen schließt auch die Wahl eines Irrwegs mit ein, der sich nicht harmonisch in den Plan Gottes einfügt. Hier muß man sich demütig dem Willen Gottes beugen. Tut man es nicht, so wird man viele Blockaden und Hemmnisse erfahren, bis man endlich erkennt, daß der eingeschlagene Weg falsch ist. Geht man den Weg trotzdem undemütig weiter, so wird die Seele mehr und mehr Schaden nehmen. Eines der Hauptanliegen dieses Buches ist es jedoch, daß wir lernen, Gottes Sprache zu den Menschen in Form von Warnungen, Denkanstößen und Intuition besser zu verstehen. Entwickelt man dafür offene Augen und Ohren und erwirbt zugleich die Fähigkeit, sich freiwillig Gottes Willen zu unterstellen, so kann man seine Hinweise besser beachten und befolgen.

Gott weiß immer den besten Weg, denn wir besitzen weder Gottes Weitblick, noch sind wir mit seiner Intelligenz gesegnet. Zwar hat Gott jede Seele mit einem freien Willen ausgestattet; aber es gibt für jede Persönlichkeit einen Rahmenplan, innerhalb dessen sie für eine bestimmte Zeit, Jahr, Monat, Tag und Stunde handeln und frei entscheiden kann.

Unsere eigene Planung hat deshalb für uns einen bestimmten Sinn, weil sie oft mit irgendeiner Charakterschwäche zusammenhängt. Wenn wir z. B. Zeit verschwenden und uns zu stundenlangem Kartenspielen hergeben oder spät abends Krimis anschauen, so muß doch hie und da eine Warnung gegeben werden oder eine Sabotage kommen. Bei größeren Fehlentscheidungen stellen sich ganz massive Warnungen ein; aber manchmal auch erst nach vollzogener Handlung, so daß sie oft unbeachtet bleiben. Man ist meistens nicht demütig genug, um die Zeichen Gottes zu bemerken und will auf Gedeih und Verderb seinen eigenen Willen durchsetzen.

Oft wird auch die fadenscheinige Ausrede benutzt, daß Gott viel zu groß und mächtig sei, um sich um so winzige Kreaturen zu kümmern wie wir Menschen es sind. Diese Argumente sind zunächst sehr praktisch; man möchte sich nicht so gern darum kümmern, was richtig und was falsch ist. Aber diese Begründung ist nicht stichhaltig. Man sollte bedenken, daß Gottes Schöpfung der Seelen von größter Bedeutung ist und immer sein wird, denn das Verhalten einer Persönlichkeit ist und war für Gott stets sehr wichtig. Die Seele des Menschen ist ja ein kleiner Bestandteil der Energie des Universums und trägt so durch die eigene Entwicklung zur Verfeinerung desselben bei.

Demutsprüfungen erhalten wir auf unterschiedlichste Art und Weise. So erzählte einmal eine Dame, daß sie sich während des Kuraufenthaltes an einem Tag vorgenommen hatte, sich ganz besonders in Demut zu üben. Daraufhin kam prompt eine Prüfung: Sie bekam eine Badeanwendung, die 20 bis 25 Minuten dauern sollte, wurde aber schon nach 10 Minuten von der Bademeisterin gebeten, die Wanne zu wechseln. Eine ältere Patientin sei gewohnt, ausgerechnet in dieser speziellen Wanne ihr Bad zu nehmen. Erst nachdem sich die Dame bei der weiteren Anwendung in einem anderen Raum von dem nahezu unglaublich klingenden Verlangen erholt und ein bißchen Ärger überwunden hatte, fiel ihr der Vorsatz ein, heute besonders demütig sein zu wollen. Da die Prüfung unsinnig schien, war sie auch ziemlich schwer für die Badende. Der tiefere Sinn liegt darin, daß hochentwickelten Seelen verhältnismäßig schwere „Tauglichkeitsprüfungen" gegeben werden. Besteht man sie, ohne viel zu murren und zu hadern, so ist das herrliche Gefühl der Glückseligkeit die Belohnung dafür.

f) *Freundschaften* zu pflegen, bei denen die Partner auf der gleichen Entwicklungsstufe stehen und dadurch möglichst ähnliche Lebensziele und Interessen haben, verstärkt das Charisma. Echte Freunde stehen einem in jeder Lebenssituation zur Seite, so daß man mit ihrer Hilfe seine Schwächen leichter bemerken und besser bearbeiten kann. Ja, manchmal erkennt man sogar die eigenen Schwächen im Spiegelbildeffekt der Freunde, so daß durch diese handfesten Hinweise eine gute gegenseitige Unterstützung möglich ist.

Mit Hilfe interessierter Freunde erweitert sich auch die eigene Allgemeinbildung, indem man in guten Gesprächen Wissenswertes erfährt, so daß sich schließlich das Selbstbewußtsein und damit wiederum die Ausstrahlung verstärkt (Siehe Kapitel Freundschaft).

g) Die allergrößte Wirkung auf die Ausstrahlung einer Persönlichkeit aber hat die *seelische Arbeit an sich selbst*. Auch hier gibt es Hochs und Tiefs und es ist verständlich, daß der augenblickliche Zustand des Seelenlebens maßgebend ist für die Ausstrahlung. Sicherlich hat jede Person Perioden, wo es mehr oder weniger Schwierigkeiten gibt. In einem solchen seelischen Tief ist man manchmal sogar lebensüberdrüssig. Während einer Depression erlischt das ausstrahlende Licht der Seele, weil es nicht genügend Energie besitzt, um zu ,,strahlen''. Es ist wirklich eigenartig, daß solche Tiefs wie eine Art Seelenwäsche funktionieren. Oft wird irgendein Knoten für immer gelöst und man fühlt sich nachher befreit, froh und glücklich, diese Periode hinter sich zu haben.

Aber man sollte für solche Erlebnisse der Tiefe im Leben auch dankbar sein und sie als besondere Zeiten der Prüfung und Läuterung erkennen. Dies verhilft dann zumindest zu dem Wissen, daß das Licht am Ende des Tunnels bald wieder in Sicht sein wird.

h) Eines der wichtigsten Talente der Seele ist auch das *Durchhaltevermögen.* Man wird oft geprüft, ob man bei einer schwierigen Situation zu schnell aufgeben will oder doch versucht, möglichst gut aus der Sache herauszukommen.

Wenn man die besprochenen Punkte beachtet, wird es sicher gelingen, die eigene Ausstrahlung und die Wirkung auf andere Menschen in positiver Richtung zu verbessern.

Freundschaft und Liebe

Ursprünglich gehen im Deutschen die Wörter „Freundschaft" und „Liebe" auf die gleiche Sprachwurzel zurück, nämlich auf das Wort „frei". Vgl. Ethymologisches Wörterbuch, 1967, Walter de Gruyter & Co. Berlin 30: „„Freund" — zu der unter frei, freien behandelten Sippe gehört das gotische Zeitwort frijon = lieben, das ein germanisches frijon fortsetzt. Althochdeutsch friunt."

Damit erkennt man gleich den geistigen Gehalt dieser Wörter. Man benötigt eine bestimmte Freiheit des Geistes, um sich überhaupt zu den Höhen der Freundschaft bzw. der Liebe aufschwingen zu können. Das kann nicht jeder so ohne weiteres.

Freundschaft und Liebe im geistigen Sinn sind die wertvollsten Geschenke für die Menschen. Sie sind vor allem gedacht als Belohnung für gute seelische Leistung, Freundschaft und die richtige Art von Liebe sollten als schönste irdische Ziele von allen Menschen angestrebt werden. Aber gerade weil dieses Ziel so wichtig und schön ist, muß man bei der Wahl des geeigneten Partners ganz besonders sorgfältig vorgehen.

Um die Bedeutung der Freundschaft verstehen zu können, folge man nachstehendem Gedankengang:

Wenn eine Seele schließlich den Grad der Vollkommenheit erreicht hat, befindet sie sich damit auch im Zustand der Neutralität. Das heißt, daß es dann nur noch neutrale Seelen gibt, also Seelen, die sowohl die männlichen als auch

117

die weiblichen Schwächen abgebaut und die guten Eigenschaften vervollkommnet haben. Dabei kann man generell sagen, daß sich derzeit im allgemeinen die männlichen Seelen mehr Mut und Selbständigkeit als die weiblichen Seelen erworben haben, was auf die jeweilige Erziehung und den Aufgabenbereich im Verlauf der letzten Jahrtausende zurückzuführen ist. Ebenso haben die weiblichen Seelen aus den gleichen Gründen der verschiedenen Umwelt und Erziehung nicht genug Mut und Unabhängigkeit entwickelt. Die gegenwärtig vorwiegend bei männlichen Seelen anzutreffenden Stärken von Mut, Selbständigkeit und Unabhängigkeit müssen sich die weiblichen Seelen vielfach in der Zukunft erst noch erwerben. Die männlichen Seelen hingegen müssen jene Stärken, die die weiblichen Seelen bisher schon besser entwickelt haben, wie liebevoller, diplomatischer und sanfter zu sein, sich noch erarbeiten. Für diese Erarbeitung der männlichen und weiblichen Stärken ist die Pflege von Freundschaften ein besonders geeignetes und nebenbei auch angenehmes Mittel.

Im weiteren Verlauf dieses Kapitels soll über Freundschaft und Liebe nur in geistiger Beziehung gesprochen werden, da allein diese für die Entwicklung der Seele von größerer und langfristiger Bedeutung ist. Geistige Freundschaft und Liebe sind daher nicht abhängig vom Körper oder von den Geschlechtern. So gibt es besonders schöne Freundschaften zwischen zwei oder mehreren Frauen, und sie sollten auch gepflegt werden, da hauptsächlich die weiblichen Schwächen der Mutlosigkeit und Unselbständigkeit leichter und schneller durch freundschaftlichen Umgang mit anderen Frauen überwunden werden können. Das gleiche gilt für Männer entsprechend. Doch ist es oft zu beobachten, daß eine freundschaftliche Beziehung zwischen Männern kaum die Stufe von Bekanntschaft, Kollegialität oder Kameradschaft übersteigt. Der Grund dafür darf wohl in gewissen gesellschaftlichen und traditionellen Anschauungen gesehen werden.

Da in diesem Buch nur über geistige Freundschaft und geistige Liebe gesprochen wird, ist hier unter gleichgeschlechtlicher Freundschaft nie eine homosexuelle oder lesbische Beziehung zu verstehen. Die meisten Menschen sehen eben aufgrund falscher Einstellung oder gewohnter Beobachtung in einem liebenden und reinen zwischenmenschlichen Verhältnis nur ein körperliches Band. Es ist jedoch unerläßlich, die Stufe des körperlichen Denkens zu verlassen und sich auf die rein geistige Ebene zu begeben, wenn man das wahre Wesen einer reinen Liebe oder einer guten Freundschaft verstehen und ihren wirklichen Wert erkennen will. Denn die als geistige Kraft verstandene Liebe, die nicht geschlechtsgebunden ist, bestimmt die Qualität unterschiedlicher Liebes- und Freundschaftsbeziehungen.

Das Wachsen einer Freundschaft/Liebe läßt sich in die folgenden fünf Entwicklungsstadien einteilen:

1. Stadium: Bekanntwerden

Am Anfang jeder Beziehung steht das Kennenlernen. Mit der Zeit wird man dann näher miteinander bekannt. In diesem Abschnitt sollte man über längere Zeit ziemlich zurückhaltend sein und vorsichtig immer wieder überprüfen, ob sich mit der anderen Person eine nähere Freundschaftsbeziehung überhaupt ergeben könnte. Gleiche oder ähnliche Interessengebiete bilden die Voraussetzung zu einer harmonischen Verbindung. Menschen finden sich oft sympathisch oder „fühlen sich auf gleicher Wellenlänge", wenn sie eine ähnliche Entwicklungsstufe haben. Verwandte Verhaltensweisen rufen ein intensives Interesse aneinander hervor.

2. Stadium: Freundschaftliche Beziehungen

Wenn man sich längere Zeit gegenseitig beobachtet und für geeignet befunden hat, kann man an den Aufbau einer freundschaftlichen Beziehung denken. Diese geht schon über eine lockere Bekanntschaft hinaus, zumal sie eine gefühlsmäßige Bereitschaft, eine gewisse Zuneigung und auch Vertrauen voraussetzt. Soll sie entwicklungsfähig sein und bleiben, bedarf sie ständiger Pflege und der Anstrengung der Beteiligten.

Oft gelingt dies nicht in dem gewünschten Maße, weil räumliche und zeitliche Schranken nicht überwunden werden können, z. B. ein weitentfernter Wohnsitz der Partner. Der eigentliche und häufigere Grund aber, warum eine begonnene freundschaftliche Beziehung sich vielfach als nicht beständig und dauerhaft erweist, ist der, daß die für die Entwicklung von tieferen Freundschaften notwendigen seelischen Stärken nicht ausreichend sind.

Die Fähigkeit, sich jemandem anvertrauen zu können, steht in enger Beziehung zu dem eigenen *Selbstvertrauen*. Viele Menschen vermögen kaum über ihre innersten Gedanken, Probleme oder Schwächen zu jemandem zu sprechen, auch dann nicht, wenn der andere ihnen Verschwiegenheit zugesichert hat. Diese persönliche Schwäche ist eine Hemmschwelle für jegliche Freundschaft; sie muß überwunden werden, wenn es wirklich zu einer dauerhaften Freundschaftsbeziehung kommen soll. Die Angst, ,,sich etwas zu vergeben'' oder ,,sein Inneres zu entblößen'', entspringt der Besorgnis, daß der andere eine Schwäche entdeckt, die vorher nicht sichtbar war, aber auch der Angst, verletzt zu werden. Man kann sie nur überwinden, wenn man bedenkt, daß man ohne Risiko nichts gewinnen kann; also ohne eigenen Einsatz an Vertrauen man auch keine Freundschaft, keine Liebe erfährt.

Wichtig für den Aufbau einer freundschaftlichen Beziehung ist auch die Bereitschaft, ein gewisses Risiko einzugehen. Eine Gewähr, daß die beabsichtigte Beziehung von Dauer sein wird, kann man weder bekommen noch verlangen. Man muß daher den *Mut* aufbringen, in die beabsichtigte Beziehung von sich aus etwas zu investieren, ohne gleich eine Gegenleistung zu erwarten.

Auch die Angst, nicht geliebt zu werden, macht einen selbst liebesunfähig; das heißt, letzten Endes findet man sich selbst nicht genug liebenswert. Man sollte sich nämlich seines eigenen Wertes durchaus bewußt sein, ohne jedoch seinen Mitmenschen gegenüber arrogant oder hochmütig zu wirken.

Auch die Schwäche der *Abhängigkeit* ist ein großes Hindernis für eine dauerhafte tiefe Freundschaft. Jeder muß dem anderen einen großzügigen Freiraum lassen für seine Entwicklung. So ist eine gewisse vertrauensvolle *Freiheit* die Basis einer festen Freundschaft, während jedes persönliche Besitzstreben eine harmonische Beziehung einengt und somit auf Dauer zerstört. Die gegenseitige *Achtung* vor der Persönlichkeit und Würde des anderen und eine selbstverständliche Rücksichtnahme auf seine Bedürfnisse festigen die Freundschaft. Es ist eine wichtige Voraussetzung zur Liebesfähigkeit, das eigene und das Streben des anderen zur Selbstentfaltung in Freiheit und Unabhängigkeit zu akzeptieren.

3. Stadium: Die wahre und enge Freundschaft

Hat man es geschafft, die im letzten Abschnitt beschriebenen Schwächen zu beseitigen bzw. Stärken genügend zu festigen, so kann sich die bisherige freundschaftliche Beziehung gut entwickeln und in das nächste Stadium der wahren und engen Freundschaft übergehen.

Eine solche Beziehung zwischen zwei Menschen kann schon fast als Liebe bezeichnet werden, wobei wiederum nur die geistige Liebe gemeint ist. Durch die selbst erarbeiteten Stärken wie Vertrauen, Mut, Achtung und Freiheit erreicht man die höhere Stufe der Freundschaft. Sie bedeutet bereits eine dauerhafte und harmonische Verbindung und kann als Vorstadium der Liebe angesehen werden. Dieser Zustand des Vertrauens ist völlig frei von der Angst um den Verlust des anderen. Man bemüht sich, unabhängig voneinander, diese Beziehung zu bereichern, indem man begreift, daß das Glück des anderen auch das eigene ist. Dieses geistige Band ist mehr als eine Anteilnahme, weil man inzwischen gelernt hat, die Einzigartigkeit des Freundes zu verstehen. Eine wahre Freundschaft schenkt Gefühle des Glücks, der Geborgenheit und Sicherheit und der Harmonie.

Auch in diesem Stadium der wahren Freundschaft darf man, weil die Schule des Lebens fortwährend weitergehen muß, sich keinesfalls auf seinen Lorbeeren ausruhen. Vielmehr ist es ratsam, immer weiter bestrebt zu sein, für den anderen und damit auch für sich die Beziehung zu verschönern.

Aber auch in diesem Bereich der Freundschaft gibt es zahlreiche Hürden und Prüfungen. Es können Gedanken aufkommen wie: ,,Ich habe keine Zeit für Freundschaften'' oder ,,den mit der ständigen Pflege von Freundschaften möglicherweise verbundenen finanziellen Aufwand kann ich mir nicht leisten''.

Eine der wichtigsten und schwersten Prüfungen ist die *Eifersucht*. Um sie zu bearbeiten und zu beseitigen, muß man zunächst einmal diese negative Eigenschaft bei sich selbst erkennen und dann den Wunsch haben, dieses häßliche Gefühl gar nicht erst aufkommen zu lassen. Man muß lernen, seinem Freund gegenüber selbstlos zu sein und sollte sich mit ihm freuen, wenn er sich auch im Kreis anderer wohl und glücklich fühlt. Man darf niemals den Freund nur für sich allein besitzen wollen und sollte nicht verletzt sein, wenn man nicht immerzu bei ihm die erste Geige spielt. Überhaupt kann eine tiefe Freundschaft nur dann lebendig bleiben und wachsen, wenn der Freund auch noch mit weiteren Personen Berührungspunkte hat und andere Interessen pflegt. Ausschließlichkeit erstickt Freundschaft und führt zu Langeweile und Stagnation.

Ein ganz wichtiger Punkt zur Erringung und Erhaltung einer guten Freundschaft ist das absolute Gebot, den Freund *niemals negativ zu kritisieren.* Auch wenn man das Gefühl bekommt, der Freund sei im Begriff, eine ,,Dummheit'' zu machen, sollte man doch nichts sagen. Erstens weil man niemals sicher weiß und wissen kann, ob diese Sache wirklich eine Dummheit ist (das stellt sich meistens erst im nachhinein heraus) und zweitens muß man immer bedenken, daß man einer geliebten Person niemals die Lebensschule, die Gott und die Universalgesetze für sie geplant haben, zunichte machen sollte. Dazu folgendes Beispiel: Ein lieber Freund (Otto) hat die Wahl zwischen zwei verschiedenen Arbeitsstellen. Als Außenstehender (Franz) mit neutraler Position kann man viele Situationen besser abschätzen als wenn man direkt mit der Sache befaßt ist. Franz kennt einen oder beide Chefs, die diese Stellen vergeben und sieht vielleicht schneller, welches die richtige Stelle ist. Wenn Otto nun vom lieben Freund Franz überredet wird, die in dessen Augen richtige Stelle anzunehmen, so nimmt er Otto die Möglichkeit, sich frei entscheiden zu können und dadurch seine eigene Intuition zu üben. Auch muß Otto immer mehr die Fähigkeit trainieren, die Zeichen Gottes, die jede wichtige Entscheidung begleiten, selbst zu erkennen. So hat in solcher Situation der Freund, der früher erkannt hatte, daß die eine Stelle nicht so gut sein würde wie die andere, geschwiegen. Otto nahm also die falsche Stelle an und erlebte eine etwas schwere Zeit, aber es war für ihn eine lehrreiche Schule. Otto hat dann auch ganz von selbst erkannt, daß beim anderen Chef eine viel geeignetere Möglichkeit zur Selbstentfaltung geboten war. Otto wechselte die Stelle und war mit dem neuen Chef sehr glücklich, viel glücklicher, als er es gewesen wäre, wenn er gleich den „Rat" seines Freundes Franz bekommen und angenommen hätte, denn er hätte nicht die interessante Erfahrung machen können, daß die erste Stellung doch nicht so geeignet und ideal für ihn war.

Man darf also niemandem, schon gar nicht dem Freund, einen für ihn notwendigen Lernprozeß ersparen. Eine Ausnahme gilt, wenn man um Rat oder Hilfe gebeten wird. Dann darf man seinen Beistand geben; es muß allerdings dem anderen völlig selbst überlassen bleiben, Rat und Hilfe anzunehmen oder nicht. Auch, wenn der Freund einmal anders handelt als erwartet, dürfen wir ihn nicht unseren Unmut fühlen lassen, sondern müssen Geduld beweisen und Selbstdisziplin üben.

Sich diszipliniert zu verhalten, ist überhaupt in der Freundschaft eine ganz wichtige Anforderung; diese gilt z. B. bei einer gemeinsamen Autofahrt, wenn der Freund am Steuer einmal eine bestimmte Geschwindigkeitsbegrenzung übersieht. Bei wiederholtem Befahren der Strecke macht ihn nun der Mitfahrer in bester Absicht auf das Verkehrszeichen aufmerksam, um evtl. eine Strafanzeige zu verhüten. Trotzdem sollte man solche gutgemeinten Ratschläge unterlassen, denn der andere könnte sie als *negative Kritik* empfinden. Selbstverständlich sind lebensgefährliche Situationen ausgenommen; aber wir sollten immer bedenken, daß zuviele Hinweise den andern nur unsicherer machen.

Eine große Rolle für den Bestand der wahren Freundschaft spielt die Stärke der *Treue*. Treu sein heißt hier vor allem, dann ohne Wenn und Aber zum Freund zu stehen, wenn dieser in Not kommt. Auch ist es wichtig, daß man Versprechen, die man dem Freund gegeben hat, auch einhält.

So haben wir zahlreiche Hürden kennengelernt, die die wahre Freundschaft gefährden können. Werden sie nicht übersprungen, so zergeht auch eine bislang schöne Freundschaft wie Schnee in der Mittagsonne. Schafft man es dagegen, alle Klippen zu umschiffen, so erhebt sich die Freundschaft in das höhere Stadium der Liebe.

4. Stadium: Die Liebe

Das Stadium der geistigen Liebe als Höhepunkt der irdischen Freundschaft bleibt leider für die meisten Menschen nur ein Wunschtraum, denn was allgemein unter Liebe verstanden wird, ist meistens eine Mischung aus körperlicher Anziehung (Sexualität), Furcht vor dem Alleinsein, Abhängigkeit und bei Frauen oft Angst vor dem Zustand der Unabhängigkeit und dem Zwang zur Selbständigkeit.

Die echte geistige Liebe hat absolut nichts mit jeglicher Art von Zweckdenken zu tun. Sie ist sozusagen mit reinen „Verstandsargumenten" nicht zu erklären, es gibt also keinen offensichtlichen Grund, diesen Menschen zu lieben, den man liebt. Mit dem Gefühl echter Liebe stehen weder Geld, noch Aussehen, Ansehen, Einfluß, Abhängigkeit, Körperlichkeit etc. auch nur im geringsten im Zusammenhang. Hingegen sind alle positiven Punkte wie oben besprochen von erheblicher Bedeutung. Ein wichtiges Gefühl in einer Liebesbeziehung ist das beiderseitige Entdecken, daß die Persönlichkeitsentfaltung durch diese Beziehung stark unterstützt wird. Man ist wacher und bewußter, man macht weniger Fehler, man ist liebevoller, man wird intelligenter und man bekommt vor allem eine bessere Intuition, d. h. man kommt Gott und seinen Gesetzen immer näher und versteht sie besser. Gefühle absoluten Vertrauens, der Sicherheit und Geborgenheit, der wunderbaren Harmonie im Zusammensein, der Toleranz und Geduld, ja sogar Mut sollten durch solch eine schöne Verbindung verstärkt und verbessert werden.

Falls man jemals vorher Schwierigkeiten gehabt hat, *seine Zeit gut einzuteilen,* hat man dann in dieser Hinsicht weniger Probleme. Im Gegenteil, das Bedürfnis, nur positive Freizeitgestaltung mit dem Freund zu unternehmen, wird geradezu selbstverständlich.

Freundschaft und Liebe lassen sich besonders gut pflegen, wenn man sich ständig bemüht, gemeinsam mit dem Freund oder Partner einer positiven Beschäftigung nachzugehen. Für beide sind die Talente, die Bildung und das Wissen des anderen bereichernd. Alles das entfaltet somit die eigene Persönlichkeit wie auch die des Partners in wechselseitiger Beziehung. Man erlebt bei gemeinsamen Unternehmungen die Schönheit der Natur oder eines Kunstwerkes, z. B. aus Malerei oder Musik mit allen Sinnen und wachem Verstand. In einer liebevollen Freundschaft leuchtet die ganze Welt in einem hellen, positiven Licht. Ängste und negative Lebenseinstellung sowie Mißtrauen sind wie weggeblasen und machen einer vertrauensvollen Haltung dem Leben gegenüber Platz. Das elementare Gottvertrauen, eine wichtige seelische Stärke, gewinnt an Kraft, so daß manche Probleme gar nicht erst aufkommen oder bereits im Keim erstickt werden.

5. Stadium: Die Liebe zu Gott

Nur wenigen Menschen gelingt es, sich die Voraussetzungen zu erarbeiten, die notwendig sind, um schließlich die letzte Stufe der Liebe erfahren zu können. Sie soll hier als

„Die Liebe zu Gott" bezeichnet werden. Der Mensch fühlt sich dabei in völliger Harmonie mit dem Schöpfer und dem Universum.

Voraussetzungen sind eine umfangreiche Erfahrung und großes Wissen um die Arbeit Gottes mit den menschlichen Seelen, sowie die Fähigkeit, Gott als dem liebenden Vater große Dankbarkeit entgegenbringen zu können.

Weiterhin muß die Intuition oder Innere Stimme sehr gut entwickelt worden sein. Diese Vorstufe zur „Stimme Gottes" kann vor allem durch das tägliche Gespräch mit dem Schöpfer verbessert werden.

Es ist auch erforderlich, aus den entsprechenden Hinweisen im Alltag den Willen Gottes erkennen zu lernen. Hat man ihn erkannt, so darf man sich damit nicht zufriedengeben, sondern man muß versuchen, ihn auch durchzuführen.

Gottes Willen durchzuführen heißt sehr oft den eigenen Willen zurückzustellen und nicht mehr „mit dem Kopf durch die Wand gehen wollen", auch wenn dies manchmal nicht leicht ist.

Gute seelische Leistung über längere Zeit führt zu dem Gefühl, daß man sich innerhalb der Liebe Gottes befindet. Dies wiederum bringt die Fähigkeit, die eigene Liebe zu Gott weiter zu steigern.

Der Sinn des Todes

Die Einstellung zum Tod hat sich im Laufe der Jahrhunderte sehr verändert. Die meisten der großen Zivilisationen haben einen bestimmten Totenkult. Fast überall findet man Hinweise über die Ansicht der Menschen des betreffenden Kulturkreises, daß der Tod keinesfalls ein Ende bedeutet. So hatten, wie ja bekannt, besonders die alten Ägypter und die Azteken mit ihren Pyramiden sogar bedeutende Bauwerke als Grabstätten für ihre verstorbenen Herrscher errichtet, aber auch in den Grabfunden der alten Germanen entdeckte man große Mengen von Beigaben, oft sogar Gegenstände des täglichen Erdenlebens, die den Toten das Leben im Jenseits leichter und schöner machen sollten.

Über das Jenseits selbst hatten die verschiedenen Völker unterschiedliche Ansichten. So kleiden sich Anhänger der buddhistischen Religion heute noch bei einem Begräbnis in weiß, weil für sie der Tod nichts anderes als eine Art Erlösung von einem vielleicht schwierigen Erdenleben darstellt, die den Toten zumindest wieder eine Stufe weiter in der großen Reihe der Wiedergeburten gebracht hat.

Auch in den christlichen Religionen hatte der Tod früher eher den Charakter einer Art ,,Erlösung'' aus dem Erdendasein. Zur Zeit von Christi Geburt bis etwa 500 Jahre nachher, nämlich bis zur Regierungszeit von Kaiser Justinian (527 - 565), der eine Wiedervereinigung des West- und Oströmischen Reiches anstrebte, war die Wiedergeburt oder Reinkarnation für die damaligen Menschen Selbst-

129

verständlichkeit. Erst unter seiner Herrschaft wurden offiziell sämtliche Anspielungen auf eine Wiedergeburt aus der Bibel gestrichen. Allerdings hat man damals „vergessen", eine besonders bekannte Stelle auszustreichen, die in diesem Zusammenhang oft zitiert wird. Wir finden diese Stellen im Neuen Testament unter Matthäus 17,10-13, oder Matthäus 11,9-14 oder Markus 9,11-13. Nachfolgend sei nur aus dem Matthäus-Evangelium zitiert:

„Da fragten ihn die Jünger: Warum sagen denn die Schriftgelehrten, Elias müsse zuerst kommen? Er antwortete und sprach: Gewiß, Elias kommt und wird alles wiederherstellen. Ich sage euch aber: Elias ist schon gekommen und sie haben ihn nicht erkannt, sondern mit ihm getan, was sie wollten. So wird auch der Menschensohn durch sie leiden müssen. Da verstanden die Jünger, daß er zu ihnen von Johannes dem Täufer sprach. . . . Seit den Tagen Johannes des Täufers bis heute wird dem Himmelreich Gewalt angetan; . . . Und wenn ihr es gelten lassen wolltet: Ja, er ist Elias, der wiederkommen soll. Wer Ohren hat der höre."

Zum Verständnis dieser Bibelstellen sei daran erinnert, daß der Prophet Elias etwa um 870 vor Christus gelebt hat, so daß Jesus Christus mit seiner Äußerung über Elias und Johannes den Täufer nur die Wiedergeburt (Reinkarnation) der gleichen Seele gemeint haben kann.

Immer wenn Menschen versucht haben, die Geschichte oder Tatbestände aus ihrem Ablauf zu verändern, konnte dies wegen des Wirkens der Universalgesetze auf Dauer nicht gelingen. Gott rückt die wahren Tatsachen letztlich immer wieder in den Blickpunkt der Menschen.

Es ist sicherlich den meisten Menschen vollkommen klar, daß man ein so großes Ziel wie die seelische Vollkommenheit niemals in einem einzigen kurzen Leben von 70, 80 oder gar nur 20, 10 oder noch weniger Jahren erreichen kann. Hierfür sind viele verschiedene Erdenleben notwendig. Auch unter dem Blickpunkt der Gerechtigkeit Gottes muß man zu dem Schluß gelangen, daß eine Seele zu ihrer Entwicklung unbedingt mehr als ein Leben benötigt.

So soll man nicht verzweifeln, wenn es manchmal so aussieht, als ob man in diesem Leben in irgend einer Weise zu kurz gekommen sei. Ein solcher Eindruck des ,,Zu-kurz-Kommens'' entsteht leicht, wenn ein irdisches Leben nach relativ wenigen Jahren Dauer durch Unfall oder Kriegsereignisse beendet wird, oder wenn die Möglichkeiten eines Lebens durch körperliche Gebrechen von Geburt an stark eingeschränkt wurden. Solche Einschränkungen sind vielfach als Hilfe oder Hürde und vor allem als Ansporn gedacht, um in diesem und den nächsten Leben dann doch ganz besonders auf die Gesundheit zu achten. Der Sinn einer angeborenen Körperschwäche liegt oft darin, für die nächsten Jahrhunderte eine Art Immunität gegen Krankheiten auszuarbeiten. Tod ist also nur ein Wechsel, eine Art von Bewußtseinsveränderung, die in erster Linie die Aufgabe hat, das Bewußtsein und die Erinnerungen des vorherigen Lebens auszuradieren. Man kann sich im allgemeinen nicht an die Ereignisse eines vorherigen Lebens erinnern, um im neuen Leben unbelastet und vollkommen ,,neu'' anfangen zu können. Dieses vollkommen ,,neu'' ist natürlich nicht ganz richtig, denn obwohl es keine Erinnerungen mehr von früher gibt, so ist es doch so, daß man als einziges Vermögen nach dem Tod den Zustand seiner Seele, d.h. seine vorher erreichte seelische Entwicklungsstufe und damit auch die vorher erworbenen Stärken und Schwächen des Charakters sowie Intelligenz und Talente aus früheren Leben mit sich nimmt.

Wenn man nun bedenkt, daß das einzige Vermögen eines Menschen am Ende seines Lebens auf der Erde der Entwicklungsstand seines Charakters ist, so kann man vielleicht auch verstehen, daß das allzugroße Streben nach irdischen und materiellen Gütern oder nach Macht in den Augen Gottes nur Zeitverschwendung ist. Besonders dann, wenn für das falsche Ziel des irdischen Reichtums oder der Macht die seelische Entwicklung darunter leiden müßte! Deshalb sollte man unbedingt wieder zu dem langfristigen Denken, das schon viele Vorahnen praktizierten, zurückkehren und in der menschlichen Existenz eine Entwicklung, die viele Jahrtausende durchlaufen soll, erkennen. Denn nur dann sieht man, wie interessant das Leben ist und kann sich mit aus kurzfristigem Denken herrührenden Aussprüchen wie „die Ungerechtigkeit in der Welt" nicht mehr abgeben und damit Zeit- und Energieverlust vermeiden.

Der Tod ist in vielen Fällen eine Art Reifeprüfung. Und ebenso wie man hier auf Erden nach dem Abitur auf die Universität geht, so sollte auch ein Mensch, dessen Angehöriger „abberufen" wurde, nicht zu sehr trauern, sondern ihm diesen Aufstieg in einen höheren Bewußtseinszustand gönnen. Nur das gegenwärtig vorherrschende, im 19. Jahrhundert wurzelnde materielle Denken gibt vielen Menschen beim Verlust einer geliebten Person das Gefühl eines Endes, eines Absterbens. Wir dürfen uns auf keinen Fall nur mit dem Körper, der materiellen, kurzfristigen Hülle dieses Lebens identifizieren. Wir sind niemals nur der Körper, sondern wir sind Seelen. Der Körper ist eine Leihgabe Gottes. Man kann ihn vergleichen mit einem Kleidungsstück, das man irgendwann einmal ablegt, oder mit einem Auto, wobei die Seele der Mensch ist, der das Auto fährt. Da wir auch das Auto hie und da wechseln müssen und uns dabei nicht als „VW" oder „Mercedes" fühlen, so sollten wir uns auch niemals auf Dauer mit unserem Körper identifizieren. Unser Denken, Fühlen und

Entscheiden hat nur mit der Seele zu tun. Der Körper hilft lediglich, das Leben auf dieser materiellen Ebene durchzuführen.

Der Tod ist nicht als etwas Endgültiges gedacht. Der Mensch kann der irgendwann auf ihn zukommenden Erfahrung seines Todes mit Ruhe, Sicherheit und ohne Angst entgegensehen, wenn er sich laufend bemüht, seiner seelischen Entwicklung Vorrang zu geben und versucht, mit sich selbst, dem Schöpfer und den Universalgesetzen in Harmonie zu leben.

Das höchste Ziel einer Seele

Um das Leben hier auf der Erde harmonischer und problemloser gestalten zu können, sollte man die oben beschriebenen Naturgesetze besser kennenlernen. Allerdings werden hier nur einige ganz wichtige Grundlagen besprochen, da die komplizierten und feinmaschigen Gesetze sehr detaillierter Erklärungen bedürfen und erst in Lehrgängen oder Seminaren genauer erarbeitet und deutlich gemacht werden können.

Die Kenntnis oder das Erkennen dieser Universalgesetze und der Hilfen Gottes genügt allein nicht, um glücklicher und gesünder leben zu können. Die Erfahrung hat gezeigt, daß lediglich das beobachtende Kennenlernen der Hilfen und Hinweise den Menschen den gewünschten Erfolg nicht bringen kann. Der größte und schwerste Schritt zu mehr Erfolg im Leben besteht darin, die als richtig erkannten Gesetzmäßigkeiten in der täglichen Praxis anzuwenden und möglichst konsequent durchzuführen.

Das Universum ist präzise eingerichtet durch ein gut funktionierendes Ordnungsprinzip. Ebenso wie sich gute Menschen bemühen, sich den von ihnen gegebenen Gesetzen zu unterwerfen, ist es wichtig, noch einen Schritt weiter zu gehen und sich der universellen Ordnung zu beugen. Der Anfang bei diesem „Sich-beugen" ist sicherlich nicht so leicht. Denn erst durch bewußtes Beobachten werden einige dieser Gesetze wirklich klar, die man zuvor vielleicht nur theoretisch gelesen und erklärt bekommen hat. Peter Rosegger sagt dazu: „Die beste Wissenschaft ist die der Erfahrung".

Bereits das Umdenken ist schon schwierig genug, aber der größte und wichtigste Schritt besteht darin, das erhaltene Wissen auch in die Tat umsetzen zu können. Dafür ist die Entwicklung einer bestimmten Stärke unbedingt notwendig, nämlich der der Selbstdisziplin. Wie das Wort schon sagt, muß man diese Disziplin persönlich durchführen. Doch wie bei allen anderen Verhaltensweisen auch kann man sich gegenseitig dabei helfen.

Hier muß man die bedeutsame Funktion des *Vorbildes* immer im Auge haben. Es gilt der Grundsatz: Mein eigenes Verhalten ist dann für die Menschen meiner Umgebung besonders wertvoll, wenn es positiv ist. Allerdings trifft auch umgekehrt zu, daß man durch eigene Fehler seine nächsten Mitmenschen sabotiert und diese in ihrer Entwicklung stört. Daher kann man nicht genug betonen, wie groß die Verantwortung in bezug auf die eigene Verhaltensweise ist. Das gilt nicht nur für Eltern, die durch ihr Verhalten das der Kinder und deren seelische Fortschritte immer stark beeinflussen. Man soll dabei stets bedenken, daß jeder einzelne Mensch ein wichtiges Glied einer Kette ist. Wenn diese gebrochen wird, so hat das für viele andere Menschen Rückwirkungen. Wir sind nämlich nicht das unschuldige Produkt einer vielleicht ungünstigen Umwelt, sondern können den Grad unseres Wohlbefindens durch entsprechendes Verhalten selbst bestimmen. Man sollte bei einem Problem oder einer Störung immer bei sich selbst die Ursache suchen, denn einzig und allein dies bringt den Fortschritt zu positiver Persönlichkeitsentfaltung. Eine vermeintlich für eine Seele ungünstige Umwelt ist ein Impuls, den diese zu einem bestimmten Zeitpunkt für ihre Entwicklung benötigt, um wieder einen großen Sprung nach vorwärts machen zu können. Wir Menschen hier auf der Erde können leider nur den relativ kurzen Zeitraum eines einzigen Lebens studieren und uns damit über die langfristige Entwicklung einer Seele kein sicheres Urteil bilden, denn diese erstreckt sich über viele Jahrtausende. Die Vollkommenheit Gottes und seiner Gesetze sorgt dafür, daß es auf Dauer gesehen keinerlei Art von Ungerechtigkeit geben kann.

Eine wesentliche Aufgabe dieses Buches besteht darin zu zeigen, wie man dem Entstehen von schweren chronischen Krankheiten und anderen Problemen vorbeugen kann. Es ist ratsam, sich anzugewöhnen, nach einem sogenannten „Pech" oder einer Krankheit nachzudenken, welches eigene falsche Verhalten wohl die Ursache dafür gewesen sein könnte. Der Mensch ist offensichtlich eher so veranlagt, daß er meist nur aus negativen Erfahrungen etwas lernt. Doch jede Art von Lernprozeß kann den Grundstein zu einer neuen Entwicklung legen. Wenn man sich beobachtet und dabei entdeckt, daß man sich beispielsweise sehr schnell aufregt oder leicht beleidigt ist, kann man durch bewußte Bearbeitung dieser Schwäche dem Auftreten von schweren chronischen Leiden wie Herzkrankheiten entgegenwirken. So sollte man bei seinem täglichen Verhalten die oben erwähnten fünf Charaktereigenschaften immer vor Augen haben und nötigenfalls deren Schwächen bearbeiten, wobei Ehrlichkeit zu sich selbst die Grundlage dafür bilden muß. Verstandesargumente in Form von Entschuldigungen und Verteidigungen in bezug auf das eigene Verhalten bringen nicht weiter, man sollte wirklich schonungslos mit sich selbst umgehen, um einen Fortschritt zu erzielen.

Man erspart sich viele Probleme durch Vorbeugen, denn dieses ist immer besser als Heilen. Eine gesunde Lebenshaltung mit dem richtigen Lebensrhythmus von früh ins Bett und früh wieder heraus und vor allem das Bemühen um eine gute und vollwertige Ernährung sollte beachtet werden. Die Bewußtseinsstufe der Menschen auf der Erde hat sich in den letzten hundert Jahren stark verändert und erhöht, doch eigenartigerweise hat die Ernährung die genau entgegengesetzte Entwicklung genommen und ist bei den meisten Menschen nicht optimal. Neben häufigem Aufenthalt in möglichst guter Luft sollten wir wieder mehr darauf achten, daß unsere Ernährung von Schadstoffen, Fäulnisbakterien und Chemie möglichst frei gehalten wird, um der allgemeinen Gesundheit und damit auch den seelischen Fortschritten voranzuhelfen.

Das Vorbeugen bezieht sich auch auf den zwischenmenschlichen Bereich. Man sollte bewußt versuchen, seinen Mitmenschen und damit auch sich selbst niemals schaden zu wollen, z.B. durch negative Kritik. Man soll sich taktvoll und freundlich allen Personen gegenüber verhalten.

Viele Fehler entstehen durch Gedankenlosigkeit. Man sollte daher täglich das Denkvermögen durch Konzentration und bewußtes Leben immer mehr verbessern. Durch vorsichtiges Überprüfen und bewußtes Durchgehen der Tagesereignisse kann man weitere Fehler leichter vermeiden. Denn spontane, schnelle Entscheidungen werden in der Regel nicht richtig durchdacht und mögliche Fehlerquellen oft nicht genügend einkalkuliert.

Die Übereinstimmung mit den universellen Gesetzen bringt nicht nur Harmonie frei von Störungen und Sabotage mit sich, sondern vor allem erfährt man als Belohnung auch das wunderbare Gefühl der Sicherheit und Geborgenheit. Die Naturgesetze sind nicht nur dazu da, um uns in Form von Warnungen, sprich Problemen, zu „erziehen", sondern ihre weitere Funktion ist der Schutz für Menschen, die gut sein wollen. Außer den kleinen wirksamen „Erinnerungen" an unsere Fehler können uns keine großen Katastrophen überfallen, man steht also sicher und gut behütet innerhalb dieser Gesetzesordnung, wenn man bereit ist, sie zu akzeptieren und entsprechend zu leben.

Neben dem Bemühen um die eigene seelische Entwicklung sollte sich jeder Mensch auch seines eigenen Wertes bewußt sein, denn wenn er das Ziel anstrebt, für die Ewigkeit gut zu sein, ist er von großer und unschätzbarer Bedeutung für das Universum. So ist es verständlich, daß Gott und die Gesetze das positive Streben jeder guten Seele durch intensive Hilfestellung ganz besonders unterstützen.

So ist das Leben also niemals gedacht als ein Aufenthalt im ,,Tal des Leidens'', das man notgedrungen durchqueren muß. Schon auf dieser Ebene hier ist es durchaus möglich, glücklich und zufrieden zu sein. Allerdings darf man das Leben auf dieser Welt nicht als bloßen Rummelplatz für oberflächliche Vergnügen ansehen, auf dem man seinen ,,Leidenschaften'' freien Lauf läßt (das Wort ,,Leidenschaften'' sagt schon, daß diese nur Leiden schaffen), sondern es ist eine gerechte Schule, in der es den guten ,,Schülern'' gut geht und diese auch Erfolg haben. Wenn man sich nicht nur das weit entfernte Ziel der Vollkommenheit immer vor Augen hält, sondern sich auch auf den Weg dorthin konzentriert, fällt es leichter, weniger Fehlentscheidungen zu treffen. Dabei sollte man niemals nur darauf bedacht sein, gut zu sein, um eventuellen ,,Strafen'' (die ja aber immer als Hilfen zu sehen sind) zu entgehen oder Belohnungen zu erhalten.

Dieses Streben nach Verbesserung sollte dem tiefen inneren Wunsch entspringen, ein verläßlicher Freund und Mitarbeiter Gottes für die Ewigkeit zu werden. Das Ziel zu haben oder es zu entwickeln, sich in die perfekte Harmonie des Universums einfügen zu wollen und die Fähigkeit zu erwerben, sich später einmal einfügen zu können, führt zu einer wunderbaren Zufriedenheit und großer Sicherheit.

Diese innere Harmonie erst macht das Leben lebenswert und interessanter. Das schönste Geschenk hier auf Erden für die Bemühung um eine seelische Verbesserung ist die Erlangung der Fähigkeit der reinen Liebe zu guten Menschen und schließlich der Liebe zu Gott. Man kann dann Seine Führung besser erkennen, sie verstehen und sich ihr leichter voll und ganz anvertrauen.

Biographie und Arbeitsweise von Dr. Elfrida Müller-Kainz

Dr. Elfrida Müller-Kainz wurde in Wien geboren und ist dort zur Schule gegangen. Nach dem Abitur folgten Sprachstudien in England und Frankreich. Anschließend war sie mehrere Jahre in verschiedenen Botschaften und bei den Vereinten Nationen tätig. Sie verlegte ihren Wohnsitz in die Vereinigten Staaten und sammelte dort Erfahrungen in der Politik, wo sie zeitweise als Abgeordnete im U.S. Staat Maryland tätig war. An der berühmten Johns Hopkins University in Baltimore, Maryland, studierte sie anschließend Psychologie und erwarb in diesem Fach das Master of Arts Diplom, was dem deutschen ,,Diplom-Psychologen'' entspricht. 1974 übersiedelte sie nach Deutschland und erweiterte ihr Fachwissen in Psychologie, Psychiatrie und Philosophie an der Universität Würzburg, wo sie 1977 zum Dr. phil. promovierte.

Schon vor, während und nach dem Studium ahnte sie, daß es eine Heilmethode geben müsse, die den Menschen von Grund auf, also ursächlich, helfen könnte. Diese Methode sollte vor allem mit den im Universum existierenden göttlichen oder Universalgesetzen übereinstimmen. Die Suche in dieser Richtung führte zum Kontakt mit einer Forschungsgruppe, die die Zusammenhänge zwischen dem Auftreten von Krankheiten und dem Verhalten der Menschen studiert und die diesbezüglich herrschenden Gesetzmäßigkeiten als wichtige Teile des göttlichen Ordnungsprinzips erkannt hat.

Es folgten ausgiebige Untersuchungen in diesem Bereich und die Anwendung ihrer Ergebnisse in einer freiberuflichen Praxis für Gesundheit, Psychologie und Persönlichkeitsentfaltung.

Die Ergebnisse dieser Arbeiten sind in den 1982 erschienenen „Schriften zur körperlichen und seelischen Gesundheit" (Heft 1: „Kindererziehung", Heft 2: „Ängste und Angstneurosen", Heft 3: „Depressionen", Heft 4: „Eheprobleme") sowie in dem im Herbst 1984 herausgebrachten grundlegenden Buch „Erfolg und Harmonie im Leben" dargelegt und an vielen Fallbeispielen aus der eigenen Praxis ausführlich beschrieben.

Grundlagen und Methoden der Behandlungsweise lassen sich wie folgt zusammenfassen:

Das Ziel jeder Seele sollte das Erreichen des Zustands der Vollkommenheit sein, in welchem sie dann keine Fehler mehr macht. Hierzu werden vom Schöpfer und den Gesetzen des Universums viele Hilfen gegeben, um den Seelen den richtigen Weg zu zeigen und sie auf eventuelle Fehler in ihrem Verhalten aufmerksam zu machen.

Das wichtigste dieser Gesetze ist das Gesetz von Ursache und Wirkung: „Was man sät, das erntet man." Mit Hilfe dieses Gesetzes kann man auch scheinbaren Zufällen, dem „Pech" oder dem „Leid" einen berechenbaren Sinn geben.

Glück und Zufriedenheit, aber auch Krankheiten und Leiden haben immer eine ganz bestimmte Bedeutung, worüber man sich jeweils Gedanken machen sollte. So läßt sich ganz allgemein jede Störung des menschlichen Wohlbefindens, gleichgültig ob körperlicher oder seelischer Natur, als Warnung oder Hilfe betrachten, um Fehler im Verhalten einer Persönlichkeit anzuzeigen. Es gilt, die Ursache der Störung, nämlich den ihr vorausgegangenen seelischen Fehler, herauszufinden, denn nur die Bearbeitung und Beseitigung der Ursache kann ein Problem auf Dauer lösen, während bei rein symptomatischer Behandlung ein solcher Erfolg nicht erwartet werden kann.

Der Sinn des Lebens wird gesehen in fortwährender Entwicklung zum Positiven, in ständiger Verbesserung der seelischen Eigenschaften mit dem Ziel der Vollkommenheit. Dr. Elfrida Müller-Kainz betrachtet es als ihre Lebensaufgabe, interessierte Menschen auf den Weg dorthin zu bringen und ihnen die dafür geeigneten Hilfestellungen anzubieten. Hierzu veranstaltet sie Vorträge und Seminare, verfaßt Bücher und Schriften und führt Einzelberatungen in ihrer freiberuflichen Praxis durch. Dabei werden neben dem seelischen Bereich auch allgemeine Gesundheitsregeln sowie die sinnvolle Verwendung von Naturprodukten und einer geeigneten Vollwertkost im Rahmen einer Ganzheitstherapie in die Beratung einbezogen.